AF554548

LES PRISONNIERS

DU

CHÂTEAU DE PENVERN

P. NICOL

LES PRISONNIERS
DU
CHÂTEAU DE PENVERN

ÉPISODE DE LA CHOUANNERIE MORBIHANNAISE
SOUS LE CONSULAT

EXTRAIT DE LA *Revue de Bretagne*.

VANNES
IMPRIMERIE LAFOLYE FRÈRES

1913

LES PRISONNIERS DU CHATEAU DE PENVERN

ÉPISODE DE LA CHOUANNERIE MORBIHANNAISE SOUS LE CONSULAT

I

LES DEMOISELLES DU PÉRENNO DE PENVERN

Le château de Penvern est situé à l'ouest de la paroisse de Persquen, à une lieue et demie environ au sud de Guémené, non loin de la route qui conduit vers Inguiniel par Notre-Dame de Penity et le vieux bourg de Saint-Vincent-Miliziac.

Dominé de tous côtés par des mamelons granitiques couverts de bois, de maigres cultures et de landes, il s'élève à mi-côte au-dessus d'un vallon humide et frais qui rejoint bientôt la vallée toute proche où coule doucement le Scorff ; au couchant, par delà la gracieuse rivière que franchit le pont du Coscro, s'étendent en la paroisse de Lignol, les hauteurs boisées de Kerouallan.

Penvern est presque en ruine aujourd'hui : la vie l'a déserté avec ses maîtres d'autrefois. Derrière la façade, toujours imposante dans sa nudité triste, le temps a fait son œuvre. Dans les grandes et hautes salles du rez-de-chaussée, plus encore dans les appartements des deux étages, on ne voit guère que boiseries vermoulues, planchers disjoints, escaliers branlants, tentures défraîchies et tombant en lambeaux, quelques rares meubles de rebut : lamentables débris de tout un passé de splendeur.

Tout alentour, les brèches des murs de clôture et des avenues, les jardins transformés en champs de céréales ou de légumes, la chapelle que sépare du corps de logis une vaste cour envahie par l'herbe, tout accuse le délabrement et l'abandon.

En 1801, au moment où se passent les événements que nous avons le dessein de raconter, il en était tout autrement. Si la tourmente révolutionnaire avait dispersé, puis décimé la famille des maîtres, par un concours assez rare de circonstances, elle avait respecté la noble demeure.

Le château ne datait que de trente ans. Voici en effet la note consignée par Louis Le Nestour, vicaire de Persquen, dans le redans le registre des baptêmes de la paroisse pour l'année 1771 : « Le 21 février a été rebâti le château de Penvern, tel qu'on le voit aujourd'hui, par le comte François du Pérenno de Penvern, âgé d'environ soixante-quinze ans (1) et Monsieur son fils aîné Paul-Romain-Guy du Pérenno, âgé d'environ quarante-cinq ans (2) et noble dame Marie-Bonne-Renée de la Chapelle, sa compagne, âgée d'environ trente-six ans (3). Il y avait dans le même endroit un autre château de temps immémorial et d'une construction très ancienne ; on en voit encore les vestiges derrière le château. » Messire Le Nestour termine en disant : « Ces messieurs sont reconnus depuis très longtemps pour fondateurs et supérieurs en chef de la paroisse de Penvern. »

En effet, qu'il s'agisse de la restauration de l'église paroissiale, de la chapelle de Penity, de celle de Saint-Vincent, de l'achat de cloches, pour Persquen ou même pour Guémené, partout on retrouve la main généreuse des Pérenno (4) et partout aussi leur écusson d'azur à trois poires d'argent feuillées d'or, les pieds en haut, accompagnées d'une fleur de lis de même en abyme (5), avec supports et couronne de comte.

C'était une famille d'ancienne extraction : à la réformation de 1669, elle comptait dix générations de chevalerie. Elle avait fourni un page du roi au XVIIIe siècle, un chevalier de l'ordre au XVIIe (6), et si l'on remonte plus haut on rencontre plus d'un

(1) Baptisé le 20 octobre 1695 (Arch. de Persquen).

(2) Baptisé à Persquen le 8 octobre 1726. Sa mère était Thérèse-Fortunée du Bahuno (Arch. de Persquen).

(3) Paul-Romain-Guy du Pérenno avait épousé Marie-Bonne-Renée de la Chapelle le 4 mai 1761. Il était alors lieutenant des vaisseaux du Roi. (Arch. comm. de Vannes, Etat-civil, par. de Saint-Pierre).

(4) Arch. de Persquen et de Guémené.

(5) « *Alias*, fasce ondée (sceau de 1379) ». — « Du Pérenno, en français du Poirier (plus exactement des Poiriers), s[r] du dit lieu, par. de Bodivit, — de Penvern et de Suillado, par. de Persquen, — de Kermadio, — de Kerduel et de Kerbletérien, par. de Lignol, — de Saint-Germain, — de Coëtcodu, par. de Langoëlan. — de Bodineau. » (POL POTIER DE COURCY, *Nobiliaire et Armorial de Bretagne*, t. II).

(6) POL POTIER DE COURCY, *Op. cit.* — François du Pérenno, inhumé à Persquen le 1er février 1692, était capitaine de la seconde compagnie de gentilshommes de l'évêché de Vannes (Arch. de Persquen).

Pérenno, combattant en Bretagne, dans le parti français, à la solde du roi de France, dans la compagnie de Jean de Kergorlay (1356) ou dans celle d'Olivier de Clisson (1375-1380), pendant la guerre de Succession ou celles que déchaînèrent plus tard l'incorrigible anglomanie du duc Jean IV ou les injustes prétentions du roi Charles V (1). A la même époque l'un d'eux, Guillaume, accompagna Sylvestre Budes dans ses guerres d'au-delà les monts et il est l'auteur d'un roman en vers, composé en 1379, sur les gestes des Bretons en Italie (2).

De cette illustre race, apparentée à la plupart des grands noms de Bretagne, il ne restait plus en 1801 que deux filles, *Bonne-Françoise-Marguerite* et Térèse-Joseph, plus connue sous le nom de *Rose* dans le cercle de la famille et des amis.

Elles possédaient à Vannes, en la paroisse Saint-Salomon, près du *Marché-au-Seigle*, un hôtel d'apparence modeste si on le compare au monumental hôtel de Limur auquel il était contigu : c'est aujourd'hui le n° 29 de la rue Thiers. Bonne et Rose y étaient nées toutes les deux, l'une le 28 juillet 1763, l'autre, le 14 juin 1767 (3). En 1801, Bonne avait trente-sept ans et Rose trente-q e.

Surprises en pleine jeunesse par la Révolution, Bonne et Rose du Pérenno avaient traversé dix années de mortelles angoisses.

Elles avaient vu mourir leur mère à Penvern le 23 mars 1793 (4).

Leur frère unique, Jean-François, qui semblait destiné à perpétuer le nom, avait disparu dans la tourmente de la façon la pl tragique. En 1790, il avait vingt ans (5) et était officier de marine ; comme la plupart de ses pareils, il émigra (6).

Rentré en Bretagne au printemps de l'année 1795 (7), il alla au mois de juin rejoindre l'armée royaliste débarquée à Quiberon. Il fut fait prisonnier avec Sombreuil le 21 juillet. Conduit d'abord à Auray, il fut bientôt transféré à Vannes, sa ville natale, con-

(1) Dom Morice, *Preuves* t. I et II.

(2) Pol Potier de Courcy, *Op. cit.* —

(3) Arch. comm. de Vannes, Etat civil.

(4) Arch. comm. de Persquen, Etat civ.

(5) Il était né à Vannes le 15 décembre 1769 (Arch. comm. de Vannes, Etat civil).

(6) Arch. dép., L, 861, extrait des délibérations du district du Faouët.

(7) Arch. dép., L, 282, lettre des administrateurs du district du Faouët au représentant du peuple Brüe.

formément à la requête des administrateurs départementaux qui avait demandé que, pour l'exemple, on exécutât à Vannes « les ci-devant nobles qui habitaient cette commune avant leur émigration ». Il fut jugé dans la nuit du 30 juillet, et, le lendemain matin, conduit à la pointe des Emigrés avec soixante-seize autres condamnes pour être passé par les armes. Il subit avec ses compagnons le feu de la troupe chargée de l'exécution et il tomba avec eux, mais sans avoir été atteint. Malheureusement pour lui, dans sa précipitation à fuir, il se releva sans attendre le départ du détachement et voulut gagner la rive opposée ; mais la mer était basse et le malheureux s'engagea jusqu'aux genoux dans les vases qui paralysèrent ses mouvements. Le tambour de la troupe l'aperçut et, saisissant un fusil, il le traversa d'une balle qui l'étendit mort (1).

Leur père, Paul-Romain-Guy, ancien capitaine de vaisseau et chevalier de Saint-Louis, comme leur grand'père, s'était efforcé pendant ce temps de vivre en paix avec les administrations successives, se prêtant avec une apparente bonne grâce aux réquisitions de toute nature, de literie, fourrage, transport, etc., à l'apposition des scellés à Penvern, à la mise sous séquestre et même à la vente partielle de ses biens ou des biens de sa femme, conséquence légale de l'émigration de son fils qu'on l'accusait de n'avoir pas empêchée (2) ; réclamant d'autre part, avec insistance, auprès du district du Faouët qui ne voulait rien entendre, auprès de celui de Pontivy, bienveillant peut-être mais impuissant, la libre disposition de ses revenus, au moins l'octroi d'une pension alimentaire (3). Malgré la correction de son attitude, on n'avait sans doute pas cessé de le soupçonner de sympathie pour les ennemis et pour les victimes de la Révolution. Il avait dû subir une surveillance étroite et constante, de fréquentes visites domiciliaires, des aggravations arbitraires de réquisitions (4). Il avait été interné trois fois avec ses deux filles, d'abord à Pontivy lors

(1) M. de Closmadeuc, *Bulletin de la Société polymathique*, 1887.

(2) Arch. de Guémené, aux Archives départementales. — Les biens confisqués furent vendus le [illegible] septembre 1798 et le 24 janvier 1799 ; sauf une tenue située au bourg de Persquen, ils furent rachetés par M. du Pérenno et par sa fille aînée (Arch. dép., Q, 28).

(3) Arch. dép., L, 861, extrait des délibérations du district du Faouët : ibid., 1265, *Correspondance du district de Pontivy avec le département*. Cf. P. Nicol, *Corentin Le Floch et les prêtres jureurs de Lignol*, p. 33, note.

(4) Arch. de Guémené, aux Archives départementales.

de l'insurrection de mars 1793 (1), au moment même où mourait sa femme; puis à Guémené à deux reprises, en octobre-novembre 1794 et du mois de septembre 1795 au mois de mars 1797 (2). Enfin en août 1799 il avait été inscrit, ainsi que Mlles Bonne et Rose, sur l'odieuse liste des otages (3). Il mourut à Penvern le 5 mai 1800, à l'âge de soixante-quatorze ans (4).

Cependant Bonne et Rose du Pérenno étaient loin de rester seules dans leur vaste demeure. Elles avaient pour demoiselle de compagnie une amie de toujours et une sœur par le cœur. Jacquette-*Flore* de Kerouallan, née dans le château voisin le 28 décembre 1759 (5), n'était guère plus âgée que l'aînée des deux sœurs, et il y avait près de trente ans qu'elle vivait d'ordinaire à Penvern (6). Elle avait ainsi partagé la bonne et la mauvaise for-

(1) Arch. comm. de Pontivy, lettre de M. du Pérenno aux administrateurs du district de Pontivy, (30 mars 1793), Arch. dép., L, 272. Lettre du même aux mêmes (14 mai 1793) : M. du Perenno sollicite pour sa fille cadette l'autorisation de se rendre à la campagne pour suivre le régime jugé nécessaire par son méde cin au rétablissement de sa santé. Le comte et ses deux filles demeurèrent pendant la durée de cette première détention chez la veuve Galzin : le 11 avril en effet Flore Kerouallan, demoiselle de compagnie dans la famille du Pérenno, déclarait à la municipalité qu'elle se fixait chez Madame Galzin, où demeurait le citoyen Penvern, tant et si longtemps que le dit Penvern y résiderait lui-même (Arch. munic. de Pontivy).

(2) Les Pérenno, les Kerouallan, du Barach, en Ploërdut, furent internés à Guémené au mois de septembre 1795, par ordre du district de Pontivy, pour avoir pris part au printemps précédent à une campagne contre la pacification dont certains chefs chouans réunis à Rennes, discutaient les termes avec Hoche et Canclaux.

Pour le même motif le juge de paix de Guémené, Jutart-Lannivon, qui passait pour le principal meneur, fut condamné à quatre mois de prison : on lui attribuait un factum intitulé : *Mon opinion sur l'Assemblée de Rennes.* (Arch. comm. de Guémené, aux Arch. dép.).

Pendant ce séjour forcé à Guémené, le comte de Penvern et ses filles résidèrent chez le notaire Le Cloirec. C'est du moins ce qui ressort d'une lettre adressée le 27 octobre 1795, à Mme Le Cloirec par le citoyen Archin, ancien commissaire de la marine à Lorient, propriétaire de Coetcodu en Langoëlan. (Cette lettre a été obligeamment communiquée à l'auteur, par M. Le Gohébel, vicaire à Langoëlan).

(3) Arch. dép., L, 314.

(4) Arch. comm. de Persquen.

(5) Arch. comm. de Lignol, État civil. Flore de Kerouallan était fille d'écuyer missire Thomas-François de Kerouallan, seigneur du dit lieu et de Marie-Anne Chauvet. Voici son signalement en juin 1801 : taille 1,585, cheveux et sourcils châtains, yeux bruns, nez ordinaire, bouche moyenne, menton rond, visage plein, teint blanc (Interrog. de Flore Kerouallan).

(6) Interrogatoire de Julien Fily.

tune de la famille du Pérenno (1) ; et au moment où nous sommes arrivés, elle était d'autant plus reconnaissante de l'hospitalité dont elle jouissait, qu'elle se trouvait sans ressources et sans abri.

Tel était à peu près le cas de Louis de Normanville. C'était un jeune homme de dix-sept ans, fils d'un receveur des devoirs de Dol mort depuis longtemps. Après bien des traverses, il avait été recueilli par les demoiselles de Penvern, sur les instances de sa mère, au commencement de l'automne de l'année 1800 (2).

Une cousine des demoiselles du Pérenno, Angélique-Jeanne de Derval, était arrivée à Penvern au mois de janvier suivant. Née à Plomeur (3), évéché de Cornouailles, Mlle de Derval habitait ordinairement Orléans. Sa sœur, Agathe-Marie-Joseph, et son beau-frère, Louis-Augustin de Martillat, qui résidaient à Chambois, près de Clermond-Ferrand, devaient la rejoindre en Bretagne au printemps, pour visiter avec elle les nombreuses propriétés que possédait sa famille dans la région guémenoise. Tous trois auront une place dans notre récit (4).

Outre les châtelaines et leurs hôtes, Penvern était peuplé d'un certain nombre de domestiques des deux sexes dirigés par Bonne Coupé, la femme de charge et par l'homme de confiance, Pierre-Julien Fily. Celui-ci était depuis trente ans au service de la famille du Pérenno (5).

Physiquement, nous ne sommes nullement certain de faire des deux sœurs un portrait ressemblant. Cependant en rapprochant les indications fournies par les deux signalements que nous possédons de chacune d'elles (6), nous pouvons constater qu'elles avaient bien des traits communs.

(1) Voir plus haut, p. 9 note.

(2) Interrogatoire de Louis de Normanville.

(3) La famille de Derval possédait dans la paroisse de Plomeur la seigneurie de Kergos.

(4) Interrogatoires d'Angélique de Derval et de M. et Mme de Martillat. Signalement d'Angélique de Derval : taille 1.652, cheveux et sourcils blonds, yeux bleus; nez long, bouche moyenne, menton un peu relevé, front ordinaire, visage ovale.

(5) Outre Julien Fily et Bonne Coupé, le personnel domestique du château comprenait *Jean-Vincent* Anezo, jardinier ; Joseph Nicolo, aide-jardinier ; Pierre Le Dain, dit *Pierric*, journalier ; Dominique Cavil ; Françoise Le Port, cuisinière ; Bonne (ou Marie-Rose) Cavil femme de chambre ; Jeanne Gibois, fille de basse-cour (*Procès-verbal de transport à Penvern*, du 14 juin 1801 ; *mandat d'arrêt*, du lendemain).

(6) Interrogatoires subis devant les directeurs des jurys de Pontivy et de Vannes les 17 juin et 5 novembre 1801.

Petites de taille, Bonne un peu plus que Rose (1), elles avaient l'une et l'autre les cheveux et les sourcils châtains, les yeux bruns tirant un peu sur le gris chez la cadette, le teint pâle. Chez l'aînée le visage était rond et plein quoique maigre, le menton rond, le nez aquilin ; la cadette avait le visage ovale, le menton légèrement en pointe et le nez bien fait quoique aussi un peu long.

Au moral nous les connaissons mieux.

Les épreuves et le malheur leur avaient donné une grande expérience des hommes et des choses, une maturité précoce et un caractère fortement trempé. C'étaient vraiment, la suite le montrera, des femmes de tête et de cœur, compatissantes à toutes les misères, fidèles à toutes les nobles causes, dévouées à leurs amis ; avec cela douées d'une intelligence remarquable, d'une énergie peu commune, d'une maîtrise de soi dont peu d'hommes à leur place se fussent montrés capables.

Remarquons toutefois que les qualités viriles s'accusent surtout chez l'aînée des deux sœurs. A Penvern, elle parle et agit en maîtresse, elle revendique toutes les responsabilités. A ses côtés, Rose se contente d'une place plus modeste et d'un rôle plus effacé.

A une époque où toutes les calamités s'abattaient sur le pays avec la guerre civile, elles furent la providence visible des pauvres de Persquen, de Lignol, de toute la région environnante. Chaque dimanche elles faisaient distribuer à Penvern, par les mains du maire de Persquen, plus de quatre minots de seigle en grains ou en farine et plus de vingt livres de beurre. Cela ne les empêchait pas de faire elles-mêmes, pendant le cours de la semaine, des aumônes au moins aussi abondantes. C'étaient elles qui fournissaient à tous les malades, à près d'une lieue à la ronde, les secours nécessaires. Tantôt à pied, tantôt à cheval, par les chemins raboteux ou fangeux, elles allaient elles-mêmes porter à domicile, remèdes, bouillons, vêtements, etc., semant partout paroles aimables, consolations, encouragements, bons conseils (2).

Cette charité pour le prochain s'alimentait à sa vraie source : une foi vive, une piété profonde et éclairée ; Rose s'était

(1) Le premier interrogatoire donne à Bonne 1m538, et à Rose 1m571 ; le second donne à la première 1m440 et à la seconde 1m503.

(2) Pétition de la municipalité de Persquen demandant la mise en liberté des demoiselles de Penvern (16 juin 1801).

même consacrée à Dieu, sans toutefois quitter le monde (1).

Telle était aussi l'origine de leur dévouement sans bornes à l'Eglise et à ses ministres. Avec elles Penvern devint le refuge des prêtres proscrits. On y vit passer Maturin Le May, recteur de Guern, ancien recteur de Persquen, Jean-Toussaint Duparc, recteur de Melrand ; Julien Le Saux, vicaire à Inguiniel. On y vit surtout les deux frères Videlo, Benjamin et Louis. Le premier était recteur de Bubry et exerçait d'une certaine manière les fonctions de vicaire général. Le second était vicaire dans la même paroisse, et les deux sœurs, qui l'honoraient d'une particulière confiance, l'avaient choisi comme directeur de conscience (2). Quant au recteur de Persquen, Pierre-Julien Le Borgne, il fréquentait sans doute assidûment le château depuis son retour d'Espagne (août 1797) ; il en fit sa résidence ordinaire du jour où il obtint du général Debelle une passe qui le mettait en règle vis-à-vis du gouvernement consulaire (30 avril 1800) (3), c'est-à-dire au moment même de la mort du comte de Pérenno. Il devait y mourir lui-même le 6 mars 1806 (4).

Moins prudentes que leur père, Bonne et Rose du Pérenno ne craignirent pas de soutenir, selon leur pouvoir, la cause royaliste dont dépendait à leurs yeux, comme aux yeux de beaucoup d'autres, le salut de la religion et de la patrie.

Elles ouvrirent leur porte à certains chefs de chouans traqués par la police et par les colonnes mobiles, et mirent à leur disposition es cachettes de Penvern.

Mais cette générosité exposait les deux sœurs à de terribles représailles : un jour ou l'autre elles pouvaient avoir à répondre de l'appui qu'elles donnaient aux révoltés.

(1) Lettre de Louis Videlo, vicaire de Bubry à Rose du Pérenno ; v. plus loin ; Cf. *Les Prêtres de Bubry*, par P. Nicol, p. 201 et 20?.

(2) Interrogatoire de Dominique Miller, dit *La Bretagne* ; sur Benjamin et Louis Videlo, Cf. *Les Prêtres de Bubry*, p. 119 et ss., et passim.

(3) Interrogatoire de Pierre-Julien Le Borgne, 17 juin 1801.

(4) Arch. comm. de Persquen, Etat-civil. Pierre-Julien Le Borgne était né à Ploumarzeven, en Ploërdut, le 28 mars 1751 ; il avait eu pour parrain Pierre-Ignace de Kerouallan, seigneur du Barach. (Arch. comm. de Ploërdut, Etat civil). Il avait été pourvu par l'Evêque de la paroisse de Persquen en 1787, en remplacement de Maturin Le May, transféré à Guern (Luco, *Pouillé historique de l'ancien Diocèse de Vannes*). Signalement de M. Le Borgne d'après son interrogatoire : taille, « 1m706, cheveux et sourcils gris blancs, nez gros, bouche moyenne, menton rond, visage plein, teint blanc. » M. Le Borgne avait cinquante ans en 1801.

II

VIDELO — « TANCRÈDE »

Il est douteux que Le Peige, dit *Debar* ou le *Prussien*, et Guesno de Penanster dit *Renaud*, colonel et lieutenant-colonel de la légion de Gourin, aient jamais paru à Penvern ; le témoin qui l'affirme est bien suspect. La chose est moins improbable pour Achille Biget, ou simplement *Achille*, chef de la légion de Melrand depuis la mort de Jean Jan (25 juin 1798), jusqu'à la pacification du 12 février 1800 ; et elle est à peu près certaine pour son successeur, Julien-Augustin Dancourt, plus connu dans la chouannerie, sous le nom d'*Augustin*. C'était un émigré picard ; il avait été le second d'*Achille* avant d'être son successeur. Il refusa son adhésion à la convention du 12 février 1800, et resta à la tête de la région comprise entre Le Blavet, l'Ellé et la mer. Il s'appliqua avec une grande activité à maintenir et compléter l'organisation de sa légion et mit tout en œuvre pour préparer un nouveau soulèvement.

Augustin était à Penvern vers la mi-décembre de l'année 1800. C'est là sans doute que Georges Cadoudal, rentré dans le Morbihan, lui fit remettre un billet qu'il terminait par ce post-scriptum : « Mes respects aux deux sœurs. — Rappelez-moi au souvenir de M. Tancrède (1). »

Ce M. *Tancrède* est de tous les chefs chouans l'hôte le plus assidu des demoiselles du Pérenno ; c'est lui qui revient le plus souvent à Penvern, qui y séjourne le plus longtemps. C'est le principal personnage de notre récit.

De son vrai nom il s'appelait Julien-Marie-Cyrille Videlo. Dans la chouannerie, c'était un ouvrier de la onzième heure et son passé ne semblait pas devoir le conduire de ce côté de la barricade.

Il était né à Pontivy, rue de Neulliac, le 21 septembre 1769, d'une famille d'hommes de loi. Son père, Julien Videlo exerçait

(1) Cette lettre était signée « *Muscadin* »

les fonctions de notaire et procureur royal de la juridiction ; sa mère, Anne-Marie Blouët, était de famille vannetaise (1).

Il fit ses études au collège de Vannes; en 1787, il était élève de logique (2).

Il avait deux frères prêtres ; nous les avons nommés plus haut : l'aîné Benjamin, était recteur de Bubry, l'autre, Louis, était vicaire dans la même paroisse.

Cela ne l'empêcha pas d'adopter avec enthousiasme des idées nouvelles ; il suivait en cela l'exemple de son père et de son beau-frère, Bon Jan de la Gillardaie, qui occupèrent presque toujours des postes plus ou moins en vue dans le corps municipal de Pontivy, dans l'administration du district ou dans la magistrature (3).

Lui-même fit partie de la garde nationale dès sa création ; d'abord simple canonier, il était adjudant en 1792 (4). A ce titre il dut marcher en mars 1793 contre les insurgés de Pluméliau ou tout au moins prendre part à la défense de Pontivy contre leurs attaques.

Enfin, au moment même où la chouannerie s'organisait et devenait redoutable, en vendémiaire an III, peut-être pour n'avoir point à combattre des compatriotes, il s'enrôla dans l'armée républicaine. Incorporé d'abord dans le 110e régiment d'infanterie, il fut versé plus tard dans la 196e demi-brigade. Il resta trois ans environ et fit deux campagnes au service de la République. Il fut réformé comme lieutenant vers la fin de l'année 1797 (5).

Un de ses frères, engagé comme lui, était mort sous les drapeaux (6) ; et quand il rentra dans sa ville natale, il y avait un an que son père avait lui-même quitté ce monde (7).

(1) Arch. comm. de Pontivy, Etat civil.

(2) Papiers Mauricette. Bibliothèque du collège Saint-François-Xavier.

(3) Bon Jan de la Gillardaie, fils de Pierre Jan de Laumaillerie et d'Anne Hochet, né à Guer en 1745, était avocat au Parlement en 1789. Il avait épousé Félicité Videlo le 1er septembre 1778. Maire de Pontivy en 1788, il fut pendant la Révolution membre du district, juge au tribunal, etc... Son beau-père fut tour à tour officier municipal, notable, assesseur du juge de paix. (Cf. *Corentin Le Floch*, p. 47 et 48).

(4) Arch. comm. de Pontivy.

(5) Interr. de Julien Videlo, dit *Tancrède* par le capitaine rapporteur de la Commission militaire.

(6) Lettre de Puillon-Boblaye, commissaire du directoire exécutif, à l'Administration départementale, 5 septembre 1799, (Arch. dép., L, 314).

(7) Arch. comm. de Pontivy, Etat civil.

Il avait étudié le droit ; il se fixa à Pontivy en qualité d'homme de loi.

Il était de taille légèrement au-dessus de la moyenne, il avait les cheveux et les sourcils bruns et portait une queue de quatre à cinq pouces ; il avait les yeux gris, le front haut, le visage ovale mais couturé de petite vérole et sa lèvre supérieure était fortement relevée : il était, paraît-il, très laid (1).

Il était heureusement mieux partagé au point de vue intellectuel et moral. La jurisprudence et l'expédition des affaires, probablement peu nombreuses, qu'il avait à traiter — car il débutait — lui laissaient des loisirs, et il aimait l'étude.

Ses papiers contiennent des notes de lecture, des extraits d'auteurs, même des essais personnels sur les sujets les plus divers (2). Sa curiosité d'esprit s'exerce dans toutes les directions : histoire générale ou histoires nationales ; géographie des principaux pays de l'Europe (France, Italie etc.), des deux Amérique (Etats-Unis, Pérou), de l'Asie (Japon) ; histoire naturelle, astronomie, mythologie, art militaire.

Ce qui l'attire surtout ce sont les questions d'apologétique et de philosophie religieuse ou morale. De là des extraits ou des essais sur *la Religion*, sur la *Religion et ses caractères vraiment divins*, sur la *Religion marquée au sceau de la vérité*, sur *l'incredulité et l'influence de la Religion sur le cœur de l'homme*, des *Elévations à Dieu*, un *Portrait d'un curé*, un *Portrait des communautés*, un *Parallèle entre la mort du chrétien et celle de l'impie*. De là aussi des notes sur *l'Amour* et les perversions de l'amour, sur les *Femmes*, sur *l'Amour-propre*, sur l'*Idole du siècle* (Plutus), sur la *Vertu*, sur le *Travail*, sur *la Conversation*, sur la *Plaisanterie de l'homme délicat et de l'homme grossier*, etc. etc...

L'ensemble révèle un esprit sérieux et cultivé, une âme profondément chrétienne, élevée, noble et droite, éprise du beau et

(1) D'après le signalement dressé par le citoyen Ruinet, directeur du jury de Pontivy (interrogatoire de Julien Videlo), et les déclarations de *La Bretagne* (Arch. dép., M, 4). Il y avait, paraît-il, d'autres spécimens de laideur dans sa famille : on cite particulièrement une de ses sœurs et le recteur de Bubry lui-même (Cf. *Corentin Le Floch*, p. 59, note 2).

(2) Ces pièces, versées à l'instruction à la demande de Julien Videlo lui-même, sont numérotées de 23 à 61.

Le n° 24 est un catalogue de bibliothèque ; on y remarque des ouvrages d'Arnauld, Nicole, Basnage, Bergier, Malebranche, l'abbé Nonotte, Pascal, La Bruyère, La Rochefoucauld, Condillac, Fontenelle, Bussy-Rabutin, Bougainville, Mme de Lafayette, Péréfixe, Richelieu, Montesquieu, Quesnay, Rollin, etc., etc.

voulant le bien. Seulement le jeune avocat pontivien était de son temps : on s'en aperçoit trop parfois dans sa façon de sentir et d'écrire.

Son dossier comprend enfin au moins deux brouillons de lettres : l'une est une sorte de dissertation sur la sensibilité et la bienveillance ; l'autre, adressée à X. en 1797, alors que Videlo appartenait encore à l'armée républicaine, n'est autre chose, dans la partie qui nous reste, qu'un essai sur les conditions du bonheur. Elle donnera une idée assez exacte, croyons-nous, du caractère et du tour d'esprit de son auteur. Nous la transcrivons en note (1).

Julien Videlo n'était pas en communion d'idées avec les maîtres du jour qui continuaient à persécuter la religion catholique et ses ministres et s'efforçaient par tous les moyens de lui substituer, après la déesse Raison et l'Etre Suprême, les bêtises de la Théophilantropie ou les niaiseries du culte décadaire.

Il y avait plus, ses deux frères, Benjamin et Louis, comptaient parmi les prêtres réfractaires les plus notables et les plus influents. L'aîné exerçait depuis quatre ou cinq ans, dans toute une partie du diocèse, les fonctions de vicaire général et, pour le dis-

(1) « Lettre écrite à X... 1797, an V. Tu me demandes, mon ami, quel est le moyen de vivre heureux. Tu me fais là une question bien difficile à résoudre. Je n'ai même pas, il s'en faut beaucoup, assez d'expérience pour la traiter d'une manière satisfaisante. Cependant je vais te faire part de ma manière de penser à ce sujet, persuadé que l'amitié est indulgente et que tu es bien éloigné de me demander des connaissances qui exigent une étude approfondie du cœur humain.

« Le bonheur dont tu parles est l'objet des recherches de tous les hommes. D'abord, mon cher ami, il est essentiel de définir ce que tu entends par *Bonheur*. Si je te connaissais moins, je pourrais penser que tu le fais consister dans les richesses, dans les honneurs, dans les autres jouissances extérieures de la vie ; mais, tu le sais, toutes ces jouissances factices ne sont pas capables de remplir le cœur de l'homme ; il lui faut pour le satisfaire un plaisir plus délicat et plus noble. Le bonheur selon moi est cette jouissance intime que procure à l'homme la modération de ses désirs et l'utile emploi de ses facultés. Ainsi la nature a placé tout près de nous ce sentiment délicieux dont les hommes révoquent l'existence en doute ; il ne tient qu'à eux d'en jouir, mais il semble qu'ils s'attachent à s'en éloigner à chaque instant de la vie. On dirait même que plus ils ont d'expérience, plus ils s'écartent de la route qui doit les y conduire. Incertains dans leurs résolutions et dans leurs projets, faibles dans l'exécution de leurs vues, incapables de borner leurs désirs, ils passent la moitié de leur vie à former des souhaits, et l'autre moitié à se plaindre de les avoir accomplis. Quelle est donc, mon cher ami, la raison de cette bizarrerie inconcevable ? J'ai cru la trouver dans l'étendue que nous donnons à nos désirs et à nos ambitions.

Dès l'enfance on remplit notre imagination de l'idée de jouissances auxquelles nous ne pouvons guère prétendre. Sous prétexte d'émulation, on agite notre

tinguer de Louis, on l'appelait communément « Le Grand Vicaire ». A ce titre il intervint à plusieurs reprises pour réprouver les serments successifs auxquels la Convention et le Directoire prétendirent subordonner la célébration du culte dans les églises. Après l'avénement de Bonaparte, conformément aux instructions de Mgr Amelot, il interdit de la même façon le serment de fidélité à la Constitution de l'an VIII, prescrit par les proclamations du Premier Consul en date du 29 décembre 1799 et du 6 janvier 1800. Il usa de toute son autorité pour détourner les prêtres d'accepter les passes ou cartes de sûreté délivrées par les représentants du nouveau pouvoir, aux ecclésiastiques qui consentaient à pratiquer le culte public et à prêcher la paix. Il ordonnait de se borner, comme par le passé, au culte secret.

C'étaient là contre le recteur et le vicaire de Bubry de sérieux griefs, et ce n'étaient pas les seuls. Dans leur esprit, une étroite solidarité unissait le trône et l'autel. La tradition religieuse et la tradition monarchique avaient été victimes de la même tourmente : associées à la même détresse, elles devaient être associées dans un commun relèvement. Ils ne séparaient pas la cause de la religion de la cause du roi.

De là leur irréductible hostilité vis-à-vis des pouvoirs issus de la Révolution et leurs relations amicales avec ceux qui les combattaient. A plusieurs reprises ils avaient dû se réfugier dans les bandes organisées sur la rive droite du Blavet sous Jean Jan, Achille Biget ou *Augustin*. Leurs ennemis dénaturaient leur rôle à plaisir, exagéraient singulièrement leur influence dans les conseils de la chouannerie. « Le Grand Vicaire » surtout, à

ambition naissante et l'on prépare dès lors la chaîne des besoins qui doit nous attacher le reste de la vie. La jeunesse ne fait qu'ajouter encore à la somme de ces besoins imaginaires et la vieillesse, tout en nous faisant apercevoir le mauvais emploi que nous faisons de notre raison, nous laisse encore assez de préjugés pour nous faire souhaiter davantage, au lieu de jouir enfin de notre tranquillité. Tel est le sort de la plupart des hommes. Ils désirent au lieu de jouir. Veux-tu donc t'assurer pour la vie un bonheur indépendant de tous les événements, suis une route tout à fait opposée. Contente-toi de la condition où la fortune t'a placé ; occupe-toi utilement pour ta famille et pour ta patrie, de manière que l'examen de ta conduite ne te laisse ni remords ni regrets. Fuis surtout l'oisiveté. Fais-toi un plan invariable de conduite, c'est le moyen d'avoir des principes et de ne s'en écarter jamais. Aie peu de passions, peu de besoins, un esprit humble et résigné, un cœur qui s'ouvre aux douceurs du sentiment et qui se ferme aux tourments de l'amour-propre, des goûts honnêtes, des travaux utiles, des devoirs bien remplis, une âme où tout s'accorde : voilà la source du vrai bonheur. »

cause de sa haute situation, était devenu le cauchemar des jacobins impénitents. Et cette haine violente s'exaspérait en raison même de l'inutilité des efforts tentés jusque-là pour s'emparer de sa personne (1).

Aux yeux des révolutionnaires de Pontivy, cette parenté compromettante était une cause de suspicion pour Julien Videlo. Les moindres incidents pouvaient désormais rendre sa situation intolérable. Un jour il s'avisa de se faire remplacer pour le service de la garde nationale ; une autre fois il osa soutenir que, aux termes d'un décret du Directoire, la colonne mobile rentrée dans ses foyers devait faire partie intégrante de la garde nationale. Mal lui en prit : pour ce double délit, le commandant de la milice citoyenne, Jacques Violard, le fit incarcérer à deux reprises (2).

Violard ne prenait pas la peine de dissimuler son animosité : à Laurent Morand, incarcéré en même temps que Videlo et pour le même motif, il déclarait que ce n'était pas à lui, mais à Videlo qu'il en voulait (3) ; il alla même si loin que, en une circonstance au moins, il s'attira l'indignation de tous les témoins.

De son côté, le commissaire du directoire exécutif, Puillon-Boblaye, traitait publiquement Videlo de chouan (4).

Sans doute, quand il s'agit d'appliquer la loi des otages, Puillon écrivait encore au département (5 septembre 1799) : « Il n'y a [à Pontivy] de parents de prêtres déportés que les Videlo ; mais je n'ai pas cru devoir les porter [sur la liste], attendu que celui qui existe a fait deux campagnes au service de la République et que son frère y est mort (5). » L'ancien lieutenant à la 196e demi-brigade bénéficiait encore de son passé ; mais cela ne pouvait durer ; il disait lui-même hautement qu'il « ne se sentait plus

(1) Cf. *Les Prêtres de Bubry*, p. 163 et suiv., 172 et suiv.

(2) Interrogatoire de J. Videlo par Busson, juge instructeur du Tribunal spécial. — Arch. dép., 37 U 3. Déposition de Laurent Morand devant le capitaine rapporteur de la commission militaire. Ce Laurent Morand était commis-négociant à Pontivy. Nous le retrouverons plus loin. — Jacques Violard avait été poussé à user de rigueur vis-à-vis de Videlo et Morand par une lettre écrite de Vannes, le 15 avril 1799, par le patriote pontivien Le Bare (Arch. comm. de Pontivy).

(3) Arch. dép., 37 U 3, déposition de Laurent Morand.

(4) Déposition de Louis Rondeau, commis à la recette de Pontivy (Arch. dép., 37 U 3).

(5) Arch. dép., L, 314.

en sûreté dans une ville où les magistrats pouvaient l'insulter impunément et sans motif » (1).

Les vexations dont il était victime le décidèrent enfin et dans les premiers jours de l'année 1800 il allait rejoindre le quartier-général de la légion de Melrand, se mettait à la disposition d'*Augustin* et prenait le nom de *Tancrède*, déjà porté par Jean-Gabriel Le Pape, lieutenant de *Debar* (2).

Huit jours après, le 12 février, Georges Cadoudal, qui jugeait la partie perdue, signait avec le général Brune, représentant du premier Consul, la pacification de Beauregard (3).

III

Julien Videlo-Tancrède dans la chouannerie

Julien Videlo ne s'était pas fait chouan pour huit jours ; il fut de ceux qui refusèrent de déposer les armes.

Tard venu dans la chouannerie, il allait peu à peu, peut-être sans le chercher, s'y faire une place importante.

Ses frères étaient, assurait-on, les amis et les conseillers d'*Augustin* (4). Son titre d'ancien officier de l'armée républicaine en imposait à beaucoup ; et on lui attribuait des exploits qu'il n'avait peut-être jamais accomplis. On racontait qu'il avait gagné la croix de Saint-Louis par sa valeur dans un régiment de hussards (5).

Augustin l'avait d'abord pris comme secrétaire ; avant la fin de l'année 1800, il était devenu son lieutenant le plus en vue, à côté de Duval qui commandait les paroisses du nord et de *Joson* (6) qui dirigeait les cantons du sud, entre le Blavet et l'Ellé. Dans sa lettre à *Augustin* dont nous avons parlé plus haut, Cadoudal le désignait deux fois comme chef de légion ; c'était à

(1) Arch. dép., 37 U 3, déposition de Laurent Morand.

(2) Arch. dép., 37 U 3.

(3) Château situé près du bourg de Saint-Avé, non loin de Vannes.

(4) Cf. *Les Prêtres de Bubry*, p. 175 et 176.

(5) Interrogatoire de Dominique Miller, dit *La Bretagne*.

(6) *Joson* ou *Job*, de son vrai nom Joseph Botherel, ancien élève du collège de Vannes, était de Kermillard alors en Grand-Champ, aujourd'hui en Brandivy. C'est un des plus sympathiques chefs de bande de la chouannerie. (Arch. dép., 37 U 2).

lui en effet, à ce qu'il semble, qu'était réservé le commandement la légion nouvelle que *Joson* travaillait à organiser entre Hennebont et Quimperlé, par démembrement de celle de Melrand (1).

Il résidait d'ordinaire chez ses frères à Bubry. C'était aussi à Bubry ou dans les environs qu'on voyait le plus souvent *Augustin*, à proximité des cachettes les plus sûres, des dépôts d'armes et de munitions et des lieux de rassemblement (2). Il se retirait aussi fréquemment à Penvern. Il avait connu les demoiselles du Pérenno pendant leur internement à Pontivy en 1793. Ses deux frères étaient des habitués du château; et lui-même était tout dévoué aux deux causes chères aux deux châtelaines, le trône et l'autel.

De là il correspondait, soit au nom d'*Augustin*, soit en son nom personnel avec les principaux officiers de la légion : avec Duval, avec *Joson*, avec Georges Kremer, dit *Richard*, un alsacien déserteur, avec Pierre Roger qui avait quitté la compagnie franche d'Hennebont pour passer aux insurgés. Il visitait les chouans dispersés des portes de Pontivy, Baud et Guémené à celles de Lorient et Quimperlé, transmettant les instructions du général, veillant à l'entretien des hommes et ranimant les courages (3).

Il réprouvait énergiquement d'ailleurs les violences contre les personnes et le pillage des biens des particuliers. Tout ce qu'on pourra lui reprocher plus tard, ce sera sa collaboration sous la direction d'*Augustin*, à un projet d'attaque de diligence transportant des fonds du Trésor (4), et que *Joson* d'ailleurs refusa d'exécuter, au grand mécontentement du chef de légion (5). A peine dans la chouannerie, il avait donné la mesure de sa modération en empêchant l'exécution de Louis Le Fouler, de Bieuzy, qui avait accepté l'amnistie offerte par le général Brune et rendu ses armes (6).

Cela ne l'empêchait pas de s'opposer de toutes ses forces à la remise des armes qui aurait réduit la chouannerie à l'impuis-

(1) Cf. Sageret, *La Chouannerie Morbihannaise sous le Consulat*, t. II, premier fascicule, p. 464 et suiv.

(2) Sageret, ouvr. cité, pp. 88 et 89.

(3) Arch. dép., 37 U 3. et procédures du Tribunal spécial, 48-69, interr. de Dominique Miller.

(4) Arch. dép., 37 U 3, lettre de *Tancrède* à Roger.

(5) Arch. dép., 37 U 3, lettre d'*Augustin* à *Joson*.

(6) Arch. dép., 37 U 3, déclaration de Louis Le Fouler.

sance, comme au mariage des jeunes gens qui aurait rendu son recrutement impossible, et enfin à la pratique du culte public qui, généralisée, lui aurait enlevé, aux yeux de beaucoup, sa principale raison d'être.

Sur ces deux derniers points, l'Evêque de Vannes, Mgr Amelot, soutenait de l'exil les prétentions des chefs chouans. Mais il y avait des prêtres — et leur nombre augmentait — qui trouvaient acceptables les conditions posées par le gouvernement consulaire, qui, en tout cas, avec ou sans passes, croyaient pouvoir marier les jeunes gens qui se présentaient et officier publiquement dans les églises. Cadoudal les redoutait beaucoup et recommandait instamment de « les surveiller pour les empêcher de nuire ».

Fort de l'exemple de ses frères, *Tancrède* ne faillit pas à cette tâche. Pendant les fêtes de Noël 1800, il rencontra à Kerdanet en Redené, chez le juge de paix Jean Ficheau, un de ces prêtres soumissionnistes, Toussaint Bertrand de la Motte, ancien vicaire de Bubry. Il le prit à partie et lui reprocha vivement sa conduite. M. Bertrand se défendit; mais la discussion devint si violente qu'il dut se retirer. Quant à *Tancrède*, il ne se fit pas faute de recommander à son courrier, présent à la scène, et à tous ses hommes « de se défier de ce prêtre Lamotte, des prêtres de Guidel et de tous ceux qui avaient pris des passes tels que le recteur de Caudan et autres... (1) »

Cette querelle attira dès le lendemain sur M. Bertrand les foudres d'*Augustin*. Dans une lettre fière, hautaine, menaçante, écrite à coups de sabre, qu'il lui adressa de Bubry, il exhalait son indignation contre les ecclésiastiques qui osaient faire la moindre concession à la République consulaire (2).

Quant au recteur de Caudan, Etienne Thomas, il ne paraît pas avoir mérité les anathèmes de *Tancrède*. Le 30 décembre, il lui faisait parvenir, sous la signature de *Stévan*, un billet plutôt soumis sur la question du mariage des jeunes gens (3).

Cette fin de l'année 1800 porta des coups terribles à la légion de Melrand. Elle perdit coup sur coup son chef et deux de ses meilleurs officiers.

(1) *Les Prêtres de Bubry*, p. 189. Archiv. départ., procédures du Tribunal spécial, 18-68, interrogatoire de Dominique Miller, dit *La Bretagne*.
(2) *Les Prêtres de Bubry*, p. 190. — Sigorret, ouvr. cité, pp. 168 et 169.
(3) Arch. dép., 87 U 3.

Duval avait été massacré le 1er décembre, à la Montagne de Quistinic, près Locminé, par l'escorte qui le conduisait aux prisons de Vannes (1).

Le dimanche 28 décembre, *Augustin* lui-même tombait obscurément, sous la balle d'un gendarme, à Locmaria-Grâce, en Plouay et ses huit compagnons étaient faits prisonniers (2).

Enfin deux jours après, dans la nuit du 30 au 31 décembre, *Joson* était surpris et tué à Kerdelam, en Quéven et quatre de ses hommes étaient pris par les bleus.

Cette nuit-là même *Tancrède* et quelques autres se trouvaient au village de Loquion, non loin de Kerdelam. Ils

(1) Arch. dép., M, 6, lettres de Toursaint, adjoint de Locminé, à d'Haucourt, sous-préfet de Pontivy, des 1er et 11 décembre.

(2) *Le Morbihan et la Chouannerie*, etc, t. II, premier fascicule, p. 480 et suiv. Augustin d'Ancourt, n'était pas un personnage vulgaire. Il eut sans doute des torts ; en ce temps, de guerre civile, qui n'en eut pas ? Mais, c'était un caractère. Il s'est peint lui-même dans cette phrase de sa lettre à M. Bertrand dont nous parlons plus haut : « Jamais le parti royaliste n'a été plus honorablement défendu qu'en ce moment où le petit nombre de ses chefs, officiers et soldats, préfèrent la mort à l'horreur de plier sous le joug et de trahir ses devoirs et sa conscience. »

C'était aussi un chrétien. Parmi les pièces saisies sur lui au moment de sa mort, il s'en trouve une, écrite de sa main et teinte de son sang, qui nous livre les secrets de son âme. Nous avons cru devoir la transcrire en son entier :

« Avec la grâce de Dieu et sous les auspices de la Très Sainte Vierge Marie et de mon bon ange,

Comme chrétien et militaire,

Je me propose,

De ne donner que six heures à mon repos à moins d'une très grande fatigue.

De consacrer mon temps, lors du domicile fixe, à l'étude de mon état pour acquérir les connaissances qui me sont nécessaires ; dans mes voyages, de m'attacher à juger des différentes localités, des endroits que je parcourrai ;

Dans mes repas, d'exercer la frugalité et sobriété aussi indispensable à un militaire qui veut bien remplir ses devoirs, qu'expressément ordonnés par la Loi chrétienne ;

Dans mes conversations, d'éviter de parler avantageusement de moi-même et de dire la moindre chose aux dépens de qui que soit ;

Avec tout le monde, d'être honnête, affable, mais réservé (?), d'aimer à écouter les avis des personnes sages et prudentes.

De ne jamais suivre mon premier mouvement, surtout en des choses, de première nécessité ou majeures ;

De mener une vie dure et qui sache s'accoutumer à toutes les peines et privations ;

De fuir l'oisiveté, de ne refuser l'aumône à aucun pauvre, de jeûner les mercredis, vendredis et samedis ;

De faire abstinence tous les mercredis et de dire un chapelet tous les jours. (Arch. dép., 37 U 3). »

Le corps d'Augustin fut transporté à Hennebont et inhumé sans doute dans

n'eurent que le temps de se sauver avant l'arrivée de la troupe (1).

Ces événements mettaient Julien Videlo au tout premier plan dans la légion. C'était à lui sans conteste, à défaut de Duval et de *Joson*, que revenait le commandement en chef devenu vacant par la mort d'*Augustin*. Au dire de Dominique Miller, il en fut officiellement investi par Georges Cadoudal. En fait il l'exerça peu et sur un effectif très réduit par les récents malheurs. Outre son domestique, Pierre Rado, dit *Philippe*, de Lesbin-Pontscorff, nous relevons parmi ses subordonnées deux lorrains, Dominique Miller, dit *La Bretagne* et Antoine Kindic, dit *Sans-quartier*, l'alsacien déserteur Georges Kremer, dit *Richard* ; puis des chouans du pays : Auguste Peuron, dit *Pivert*, de Pontivy ; Augustin Dagorne et Colas, de Bieuzy ; Vincent-François Milloch, dit *Tristan*, d'Hennebont ; *Marc*, de Bubry, Pierre Quintrec, dit *Pentiagarh*, d'Arzano ; Le Crom, dit *La Fleur*, boulanger à Caudan (2).

Il se contentait en général de veiller sur leur conduite, qu'il voulait régulière (3), de leur fournir vêtements, chaussures, objets d'équipement ; de leur payer la solde en partie avec de l'argent qu'il recevait de *Debar* (4). Pour leur conserver quelque chance de sauver leur tête au cas où ils seraient faits prisonniers, il leur recommandait instamment de ne porter d'armes sur eux

le cimetière de cette ville. Ses huit compagnons furent traduits devant une commission militaire séant à Lorient. Sept furent condamnés à mort le 11 février 1801, et, sauf un, exécutés le lendemain matin. Ils marchèrent au supplice en chantant et en criant : « Vive le Roi ! Vive Louis XVIII ! Nous mourons pour le Roi et pour la Religion ! » Ils furent assistés par l'abbé Ponsart qui desservait la chapelle de l'hôpital. Leur exécution se fit avec une barbarie révoltante : on leur tira dessus pendant plus de cinq minutes (Arch. dép., M, 1, lettre du sous-préfet de Lorient au préfet du Morbihan, du 12 février).

(1) Arch. dép., 37 U 1 et 37 U 2. Deux compagnons de *Joson* dont Yves Baudet de Pluneret, son ancien condisciple au collège de Vannes, furent condamnés à mort par la Commission militaire, le 5 mars. — Sageret, ouvr. cité, p. 483 et suiv..

(2) Arch. dép., procédures du tribunal spécial, 48-08. interrogatoire de *La Bretagne* ; ibid., 37 U 3, interrogatoires de Julien Videlo.

(3) Interrogatoire de *La Bretagne*. *La Bretagne* avait des fréquentations suspectes. Au mois de février 1801, *Tancrède* lui reprocha vivement, ajoutant qu'il aurait mieux fait « de penser à faire la guerre que d'aller voir les filles, et qu'il le ferait fusiller s'il continuait ». Il s'agit dans l'espèce de Perrine Houssal, de Gestel, qui devait être assassinée vers le 10 juin de cette année, au moment même de l'arrestation de *La Bretagne* (Trib. Crim., procédure 618).

(4) Arch. dép., 37 U 3.

qu'en cas de nécessité (1). Ajoutons que pendant cette période aussi bien que pendant la précédente, on ne peut faire remonter jusqu'à lui la responsabilité d'aucun de ces actes de brigandage qui, au cours de la chouannerie, déshonorèrent tour à tour les deux partis.

Enfin *Tancrède* avait les meilleures raisons pour ne pas se montrer : au moment même où il était nommé chef de légion, Bonaparte exaspéré par l'attentat de la *machine infernale* (nuit de Noël 1800), prenait les mesures les plus extrêmes pour terroriser ses adversaires innocents ou coupables. Il frappa de tous côtés, les jacobins d'abord, les royalistes ensuite. La chasse aux chouans redoubla d'activité. Dès le commencement de janvier, le ministre de la police générale désignait *Tancrède* au préfet du Morbihan. Le 15, celui-ci prit un arrêté ordonnant l'arrestation de « Julien-Marie-Cyrille Videlo, militaire retiré et chouan non rentré (2) ».

Les sous-préfets de Lorient et de Pontivy, le général Roulland, commandant la division militaire du Morbihan dont le quartier-général était à Hennebont, le général Villatte, commandant l'arrondissement de Pontivy, le chef de bataillon de gendarmerie du département et le lieutenant en résidence à Pontivy, toutes les brigades et tous les cantonnements de troupes furent mis en mouvement pour assurer l'exécution de l'arrêté préfectoral (3).

Le préfet avait écrit que *Tancrède* devait être à Bubry (4) ; à Pontivy on avait des raisons de le croire ailleurs, et, de plus, on espérait prendre avec lui ses deux frères, le recteur et le vicaire.

Le 23 janvier, le maréchal des logis de gendarmerie de Guémené et sa brigade, un officier et cinquante hommes de la 31e demi-brigade, arrivaient à Penvern un peu avant le jour. Le château fut cerné, et Pierre Fily dut ouvrir les portes. Les perquisitions commencèrent aussitôt sous les yeux de Bonne et Rose du Pérenno invitées à y assister, mais laissées dans l'ignorance du but poursuivi. Après deux longues heures de recherches infructueuses, n'ayant rien découvert « qui pût troubler

(1) Interrogatoire de *La Bretagne*.

(2) Arch. dép., M, 4.

(3) Arch. dép., M, 1, 3 et 4.

(4) Arch. dép., M, 4, lettre du préfet au sous-préfet de Lorient...

la tranquillité publique », grenadiers et gendarmes rentrèrent à Guémené (1).

En rendant compte de cet échec au préfet, le sous-préfet de Pontivy croyait devoir le prévenir que l'arrestation de Videlo serait difficile : le chef chouan, disait-il, se cachait sans doute plus soigneusement que jamais (2).

Tancrède se cachait en effet de son mieux, à Bubry, à Penvern, ou dans les nombreuses caches dispersées dans l'étendue de sa légion. Il se demandait aussi si la cause pour laquelle il combattait avait encore quelque chance de succès. Il n'ignorait pas que la fin de la guerre continentale et les négociations avec le Pape en vue d'un concordat fortifiaient singulièrement le pouvoir de Bonaparte. Ne s'exposait-il pas à subir un jour ou l'autre le sort d'*Augustin* et de *Joson*, ou, pis encore, celui de leurs compagnons, sans profit aucun la cause de la religion et de la monarchie. Pourquoi s'obstiner dans une lutte sans espoir ?

D'autre part les délais accordés aux chouans pour être admis à bénéficier de l'amnistie étaient expirés depuis longtemps.

Il se décida cependant à tenter des démarches pour faire accepter sa soumission. Les demoiselles de Penvern l'y poussaient de toutes leurs forces (3). Vers la mi-avril, il écrivit à deux pontiviens qui habitaient Vannes, Germain Morand et sa femme, pour les prier de plaider sa cause auprès du préfet. Il ne reçut pas de réponse (4). Il pouvait espérer toutefois qu'on lui tiendrait compte dans une certaine mesure de cette preuve de bon vouloir.

Le plus sûr était de se tenir prêt. Bonne du Pérenno le comprit. Il y avait à la porte même sa chambre, à l'extrémité du corridor du côté du levant, une armoire à fond mobile : elle fit déposer derrière les armes de *Tancrède*. Mais il fallait une cachette pour le proscrit lui-même. Dans les dernier jours du mois de mai, elle fit venir de Guémené le menuisier François Le Verger. Elle le conduisit dans un corps de bâtiment, débris de l'ancien château, qui formait équerre avec le logis principal. Il est en ruines aujourd'hui. Il comprenait alors la cuisine et ses dépen-

(1) Arch. dép., 37 U 3.
(2) Arch. dép., M, 3.
(3) Interrogatoires des demoiselles de Penvern.
(4) Arch. dép., 37 U 3, interrog. de *Tancrède* devant le juge instructeur du Tribunal spécial.

dances. Ils montèrent ensemble dans un grenier planchéié, d'où ils passèrent, par une porte pratiquée dans le mur du côté du midi dans un autre grenier plus petit, à plancher en barasseaux enduits de terre glaise mêlée de foin, qu'on appelle terrasse en notre pays. Ce petit grenier était contigu au nouveau château mais n'avait pas de communication directe avec lui. Elle commanda d'y faire une sorte de coffre en belettes brutes, long de cinq pieds, large de trois et profond de sept ou huit pouces. Des voleurs, raconta-t-elle — et c'était vrai — avaient opéré quelque temps auparavant dans les villages voisins de Kerourden et de Kergano ; ils pouvaient un jour ou l'autre venir à Penvern ; le coffre était destiné à mettre en sûreté les objets de valeur que renfermait le château.

Encore fallait-il faire disparaître toute voie d'accès apparente au grenier. Dans la terrasse, tout près du mur, Le Verger pratiqua une ouverture de dix-huit à vingt pouces carrés ; il y adapta, au moyen de deux charnières en fer, une trappe en planches garnie pardessous de barrasseaux recouverts de mortier qui la dissimulaient parfaitement. Cette trappe mettait le petit grenier-cachette en communication avec l'étage inférieur ; de là une porte et un escalier dérobé donnaient accès au grand corridor du château, tout près de la chambre où logeait d'ordinaire Julien Videlo.

En cas d'alerte le proscrit n'avait qu'un pas à faire pour se trouver au-dessous de sa cachette, dans laquelle il pénétrait en soulevant la trappe qu'il laissait retomber ensuite.

Restait, il est vrai, la porte de communication entre le grenier planchéié et le grenier à terrasse : Bonne du Pérenno eut soin de la faire murer (1).

Flore de Kerouallan, Bonne Coupé et Julien Fily furent mis dans le secret : on pouvait compter sur leur discrétion (2). Mais Bonne du Pérenno pouvait-elle se flatter d'avoir donné le change à Le Verger au point de lui faire croire que la cachette qu'il venait d'aménager n'était pas autre chose qu'une mesure de précaution contre les voleurs ?

Quoi qu'il en soit, elle y fit aussitôt déposer les effets de *Tan-*

(1) Arch. dép., 37 U 3, interrogatoire de François Le Verger ; 39 U 11, interrogatoires de Bonne et Rose du Pérenno.

(2) Arch. dép., 37 U 3, interrogatoires de Flore de Kerouallan, Julien Fily et Bonne Coupé.

crède : il était nécessaire de les faire disparaître, car en cas de perquisition, leur découverte n'aurait pas manqué d'être interprétée comme une preuve de sa présence au château. Quant à ses armes, on les laissa derrière l'armoire à fond mobile.

Les dispositions semblaient bien prises. *Tancrède* pouvait espérer qu'il échapperait à toutes les recherches. Il n'y avait qu'à attendre les événements.

A Penvern la vie n'avait rien de monotone. La compagnie était nombreuse et choisie : A côté de Bonne et Rose du Pérenno, le recteur, M. Le Borgne, Flore de Kerouallan, Angélique de Derval, Louis de Normanville.

Si l'on en croit *La Bretagne*, les demoiselles du Pérenno avaient donné un grand repas dans les derniers jours de mai. M. Le Borgne. baptisait ce jour-là l'enfant du fermier de Penvern : l'une des deux sœurs était marraine et Videlo parrain. *La Bretagne* avait lui-même apporté les dragées de Lorient... cinq mois auparavant (1). Assistaient à la réunion *Debar* et Guezno de Penanster, son lieutenant, le recteur et le vicaire de Bubry, l'abbé Duparc, recteur de Melrand, l'abbé Le May, recteur de Guern, etc. (2)... Le témoin est à la vérité très suspect ; Videlo et les deux sœurs opposèrent toujours à ce récit le plus formel démenti (3).

Enfin M. et Mme de Martillat, annoncés depuis plusieurs mois, avaient quitté l'Auvergne pour la Bretagne dans les premiers jours du mois de mai. Ils étaient à Hennebont le 22. Le 25, M. de Martillat, prenant les devants, arrivait au château. Il avait laissé à Hennebont sa jeune femme qui, pour raison de grossesse, ne pouvait voyager à cheval. Bonne du Pérenno l'envoya chercher avec sa voiture, et, le 31 mai, elle arrivait à son tour (4).

M. de Martillat passait peu de temps à Penvern ; il dut faire des courses à Persquen pour faire viser son passeport, à Guémené où il avait l'intention de louer un logement pour la durée de son séjour dans le pays. Il commença la visite de ses propriétés. Puis la fièvre le contraignit à garder la chambre ; il ne

(1) Arch. dép., Trib Crim., Procéd. 649.

(2) Arch. dép., Trib. Spéc., Procéd. 48-68, inter. de *La Bretagne*.

(3) Arch. dép., 37 U 3, interrogatoires de Julien Videlo ; Trib. Crim. Proc. 633 *bis*, interrogatoires de Bonne et Rose du Pérenno.

(4) Arch. dép., 37 U 3, interr. de M. de Martillat, de Mme de Martillat et d'Angélique de Derval.

descendait même pas pour les repas et d'ordinaire sa femme lui tenait compagnie. Les deux époux n'eurent guère de rapports avec *Tancrède*. Il avait sans doute été convenu qu'on les laisserait ignorer son identité, et la consigne fut rigoureusement observée même par Angélique de Derval qui, elle, savait à quoi s'en tenir. Ils ne soupçonnèrent jamais que cet homme qu'autour d'eux on appelait *Julien* était un chef de chouans activement recherché par les colonnes mobiles et par la police consulaire (1).

A ce moment-là même un fait se passait à sept ou huit lieues de là, qui allait précipiter les événements.

IV

« La Bretagne ».

Nous avons déjà plus d'une fois prononcé le nom de *La Bretagne*. En réalité il s'appelait Dominique Miller. Il était originaire de la Lorraine allemande. Ancien canonnier volontaire à la compagnie d'artillerie de la 92e demi-brigade, il était chouan depuis le commencement de l'an V. A cette date il avait obtenu à Nantes un congé de réforme. A l'en croire, il s'en retournait dans son pays avec deux soldats libérés comme lui, quand il rencontra une bande d'insurgés. L'officier qui la commandait leur enjoignit de se joindre à lui. Les compagnons de Miller refusèrent et furent fusillés sur place. Miller effrayé accepta. On le conduisit successivement à Bignan, Grand-Champ, Pluvigner, Bubry où se trouvait alors *Augustin*. Il fut tour à tour tailleur, valet de ferme et distillateur, soldat, bourreau, boucher pour l'armée catholique et royale, et enfin, après la pacification de février 1800, courrier au service d'*Augustin* et de *Tancrède*. C'est sans doute alors qu'il prit le surnom de *La Bretagne*. De la région lorientaise, il portait les dépêches de *Joson*, de *Richard*, etc. à *Augustin* ou *Tancrède* à Bubry à Melrand, à Penvern d'où il rapportait les réponses ou les ordres des chefs et, environ tous les deux mois, le prêt des officiers et des soldats (2).

(1) Arch. dép., 37 U 3, interr. de M. et Mme de Martillat et d'Angélique de Derval.

(2) Sa solde était de 12 sous par jour; il recevait en outre 3 # par huit lieues quand il faisait le courrier. Arch. dép., Trib. spéc., proc. 48-68, interrog. de *La Bretagne* : 37 U 3, déclaration de *La Bretagne* à Penvern (14 juin 1801).

Depuis la mort d'*Augustin* l'action chouanne s'était ralentie ; le courrier, moins occupé par son service, errait dans les environs de Lorient, surtout dans les paroisses de Quéven, Gestel, Guidel et Redené, préoccupé avant tout d'éviter les gendarmes et les colonnes mobiles. Il se faisait héberger dans les fermes, bien reçu partout, chez les uns par sympathie pour la cause qu'il défendait, chez d'autres par intérêt, car il payait bien (1), chez d'aucuns sans doute par crainte de représailles.

La Bretagne avait 37 ans. C'était un grand gaillard de 1m,75 au moins ; « cheveux, sourcils et barbe noirs, dit un de ses signalements ; yeux roux ; nez moyen et un peu relevé du bout ; bouche grande ; menton rond ; figure plate, maigre et très pâle ; chapeau rond ; une veste bleue longue en façon d'habit ; culotte de toile longue à demi-blanche ; sans bas ; une bonne paire de souliers ; n'ayant point de mouchoir à son col (2) ».

Au moral c'était une âme vulgaire et basse, et pour sauver sa vie, il était prêt à tout.

Le lundi 8 juin 1801, il se trouvait chez Anne Le Borgne au bourg de Gestel ; il était assis dans le foyer quand parut une brigade de gendarmerie de Lorient. Le gendarme Féron se précipita dans la pièce où il se trouvait, un autre se posta à la porte du jardin ; le reste perquisitionnait ailleurs. *La Bretagne* voulut s'enfuir ; mais Féron marcha sur lui le sabre haut, le prit au collet, le fit rentrer, et enfin, malgré sa résistance, réussit, avec l'aide de son compagnon, à le maîtriser et à le lier.

Interrogé, il déclara aux gendarmes qu'il s'appelait Dominique Miller ; mais ce nom ne les renseignait guère sur l'importance de la capture qu'ils venaient de faire. Quoi qu'il en soit, la brigade rassemblée reprit la route de Lorient avec son prisonnier. Chemin faisant, celui-ci se prit à réfléchir. Au bout de cette mésaventure, il entrevit non seulement la prison, mais la guillotine ou le peloton d'exécution, et il eut peur. Spontanément il avoua qu'il était *La Bretagne* ; puis il supplia qu'on voulut bien le traiter avec égard, et se déclara prêt à faire connaître les dépôts d'armes,

(1) Arch. dép., Trib. spéc., Procéd. 48-68, interr. de *La Bretagne*.

(2) Arch. dép., Trib. spéc., Proc. 48-68, Procès-verbal de capture de *La Bretagne*. Deux ans plus tard un arrêté préfectoral concernant *La Bretagne* le décrit comme suit : « Profession de tailleur, âgé de 40 ans, taille de 1m,774, cheveux et sourcils noirs, yeux gris, nez petit, bouche moyenne, menton rond, front bas et ridé, figure ovale, marqué légèrement de petite vérole ». (Arch. dép., U, 12).

les magasins de munitions, les cachettes des chouans, les retraites de leurs chefs, en particulier celle de Videlo-*Tancrède*. Dans l'intérêt même des révélations qu'il se proposait de faire, il demanda avec instance aux gendarmes de prendre toutes les précautions possibles pour éviter de le faire connaître en ville et même dans la prison. Il fut écroué le jour même à la maison d'arrêt (1).

La Bretagne tint promptement et largement ses promesses. Quelques heures après, le substitut du commissaire du gouvernement, Deschiens, avait une longue liste de maisons suspectes en Gestel, Guidel, Quéven, Querrien, Bubry, Guern, etc; il savait enfin que les chefs de la division devaient être au château de Penvern. Il requit aussitôt le directeur du jury, Dufeigna, de prendre des ordonnances à fin de perquisitions (2).

Dans la nuit, le directeur et le substitut, guidés par *La Bretagne* en personne, se rendirent à Kerlarmet en Gestel, avec une escorte de gendarmes et de grenadiers et firent de fructueuses découvertes dans la maison même du maire, François Duliscouët, dit *Kernabat*. Ils y saisirent en effet 900 cartouches, des barils, des bouteilles, des cornes, des bambous remplis de poudre, quatre sacs de balles dont l'un ne pesait pas moins de 250 livres, cinq fusils, quatorze baïonnettes, etc. (3)... Ils mirent en état d'arrestation, comme complices, receleurs ou commissionnaires des chouans, Duliscouët et son fils aîné, puis Maurice Rio, de Keroch en Quéven et sa fille Marie (4).

Mais ce n'étaient là que des opérations préliminaires. Les grands coups devaient être frappés ailleurs. Nous avons vu que, à peine entre les mains des gendarmes, *La Bretagne* avait promis de faire arrêter *Tancrède*. Il s'était en effet empressé de dénoncer celui-ci comme le successeur d'*Augustin* à la tête de la légion de Melrand; il s'était efforcé de mettre en évidence son

(1) Arch. dép., Trib. spécial, 39 U 9, Proc. 48-86, Procès-verbal d'arrestation de *La Bretagne*.

(2) Arch. départ., Trib. crim., Proc. 649.

(3) Arch. dép., M, 4.

(4) Arch. dép., Trib. crim., Procéd. 649; ibid., Trib. spéc. Procéd. 48-68. François Duliscouët fils et Marie Rio furent remis en liberté le 9 août 1801. Après onze mois de détention dans les prisons de Lorient et de Vannes, une longue maladie, trois procédures, le maire de Gestel Duliscouët, dit *Kernabat*, fut enfin acquitté par Tribunal criminel le 5 mai 1802 (Arch. dép., Trib. crim., Procéd. 649).

ascendant sur les chouans, et de donner de lui le signalement le plus propre à le faire reconnaître. Il avait affirmé enfin que, depuis six mois, il habitait ordinairement Penvern, où il y avait certainement des cachettes, en quel endroit ? il l'ignorait ; mais il y avait un moyen bien simple de forcer les chouans qu'elles abritaient à se livrer eux-mêmes. Il fallait pour cela vider le château de tous ses habitants sans exception, y établir une forte garnison, faire bonne garde et attendre. Les chouans, disait *La Bretagne*, n'avaient pas de vivres dans leurs cachettes, et la faim les en ferait sortir (1).

Seulement Penvern n'était pas dans l'arrondissement de Lorient ; et il fallait se hâter si on voulait surprendre. Dès le mardi 9 juin, Dufeigna écrivit à d'Haucour, sous-préfet de Pontivy, pour lui faire connaître le résultat des premières révélations de *La Bretagne* et le mettre au courant des renseignements fournis par l'ex-courrier des chouans sur *Tancrède* et le château de Penvern. « Je ne puis aller dans les lieux qui ne sont pas mon arrondissement, ajouta-t-il. Il est donc indispensable que vous y pourvoiiez vous-même, en y envoyant (à Penvern) la force armée avec des hommes sûrs qui puissent la diriger ; et vous allez juger de cette nécessité par la lecture des renseignements que je vous transmets ci-joint (2) ».

Le 10, à quatre heures du matin, un officier d'ordonnance, qui avait voyagé toute la nuit, remettait à d'Haucour la lettre de Dufeigna et les renseignements annoncés. D'Haucour s'empressa de les communiquer au général Bernadotte (3), commandant en chef de l'armée de l'Ouest, qui résidait à Pontivy depuis près d'un mois (4). On pouvait compter sur d'Haucour et Bernadotte.

V. — A LA RECHERCHE DE TANCRÈDE.

On était au mercredi. Il y avait deux jours que *La Bretagne* avait été arrêté, et les mauvaises nouvelles vont vite. Peut-être connaissait-on à Penvern l'arrestation et la trahison de l'ancien courrier de *Tancrède* ; on savait en tout cas « qu'il y avait des

(1) Arch. dép., Trib. spéc., Procéd. 48-68 ; ibid., M, 4.
(2) Arch. dép., M, 4.
(3) Arch. dép., M, 4, le sous-préfet de Pontivy au préfet du Morbihan.
(4) Arch. dép., M, 4 ; le sous-préfet de Pontivy au Ministre de la Guerre.

colonnes en mouvement » (1) et l'inquiétude augmentait. La situation était angoissante en effet Les deux sœurs, *Tancrède*, l'abbé Le Borgne, Flore de Kerouallan durent s'en entretenir le soir après souper, avant de se séparer. Ils pouvaient parler d'autant plus librement qu'il n'y avait là que des initiés. M. de Martillat, toujours indisposé, avait soupé dans sa chambre en compagnie de sa femme et de sa belle sœur (2). Peut-être prit-on alors certaines précautions commandées par les circonstances : faire disparaître toute trace de la présence du proscrit à Penvern et pourvoir sa cachette de quelques aliments, en prévision d'une occupation prolongée du château par la troupe.

Le lendemain matin à cinq heures et demie, Flore de Kérouallan était à la chapelle. Entendant du bruit, elle sortit pour voir ce qui passait. Le château était cerné, toutes les issues gardées et une troupe nombreuse, gendarmes, dragons, hussards, carabiniers, occupaient la cour. Des officiers donnaient des ordres ; un général dirigeait les opérations (3) : c'était le général Villate, commandant de l'arrondissement de Pontivy. Il s'avança vers la porte d'entrée et sur ses sommations, Julien Fily vint ouvrir. Après avoir donné l'ordre d'enfermer dans la chapelle l'homme de confiance et les domestiques (4) qui osèrent paraître, il pénétra dans la maison suivi d'officiers et de gendarmes. Tout le monde se levait en hâte. Redoutant le pillage du château, Bonne Coupé mettait en lieu sûr les objets de valeur dont elle avait la charge (5). Bonne Cavil, surprise en plein sommeil, était tout effrayée de voir sa chambre pleine d'officiers (6). Toutes les personnes trouvées dans le château furent immédiatement déclarées prisonnières et gardées à vue (7). De la cave au grenier, toutes les pièces, tous les recoins furent rapidement et minutieusement visités, y compris la chambre du couchant où *Tancrède* avait dû passer la nuit. Il n'y était plus : au premier bruit, Bonne du Péronno s'était assuré qu'il avait gagné sa cachette

(1) Arch. dép., 37 U 3, Interr. de *Tancrède*, n° 1.
(2) Arch. dép., 37 U 3, Interr. de M. et Mme de Martillat et d'Angélique de Derval.
(3) Arch. dép., 37 U 3, Interr. de Flore de Kerouallan.
(4) Arch. dép., 37 U 3. Interr. de Julien Fily.
(5) Arch. dép., 37 U 3, Interr. de Bonne Coupé.
(6) Arch. dép , 37 U 3, Interr. de Bonne Cavil.
(7) Arch. dép., 34 U 14, Tr. crim., Pr. 633 *bis*, Interr. de Thérèse-Joseph (*Rose*) du Péronno, n° 1.

et elle avait le temps de lui passer, si ce n'était déjà fait, des provisions indispensables, un pot de confiture et du pain (1).

Dans l'écurie, on remarqua un cheval isabelle qui avait appartenu à Julien Videlo d'après les déclarations de *La Bretagne* (2). C'était un indice de la présence à Penvern de celui qu'on cherchait, et le général parla aussitôt d'emmener la bête. Les deux sœurs protestèrent que l'animal était bien à elles.

Au bout de quelques heures, le général dut s'avouer à lui-même que le coup de main était manqué.

Il tenta alors d'obtenir par voie d'intimidation le résultat que n'avaient pu donner toutes ses perquisitions. Il fit comparaître les demoiselles du Pérenno, Flore de Kerouallan, l'abbé Le Borgne ; leur assura qu'il savait de science certaine que Videlo était au château, caché sans doute en quelque endroit secret qu'il finirait bien par découvrir et les adjura, dans l'intérêt de Videlo et dans leur propre intérêt, de lui indiquer sa retraite. Il promettait, s'ils y consentaient, de faire tout ce qui dépendrait de lui pour adoucir le sort de leur ami et le leur (3). Il est probable qu'il fit les mêmes tentatives auprès de M. et Mme de Martillat, d'Angélique de Derval et des domestiques de la maison ; mais M. et Mme de Martillat, Angélique de Derval, les domestiques, à l'exception de Julien Fily et de Bonne Coupé, ne savaient rien ou presque rien ; et malgré les promesses et les menaces, ceux qui étaient dans le secret demeurèrent impénétrables.

Il ne restait plus qu'à mettre en pratique le conseil suggéré par le directeur du jury de Lorient, sur les indications de *La Bretagne* : expulser tous les habitants de Penvern, établir au château une forte garnison, veiller de près et attendre que la faim forçât *Tancrède* à sortir de sa cachette.

Dans Penvern occupé militairement, le service fut organisé plus rigoureusement que dans une place en état de siège. A l'intérieur et à l'extérieur de nombreux factionnaires exercèrent jour et nuit une incessante surveillance. Les habitants, il est vrai, ne furent pas expulsés, mais considérés comme prison-

(1) Arch. dép., 37 U 3, Interrogatoires de Julien Videlo ; Trib. crim., Pr., 633 *bis*, Interrogatoires de Bonne-Françoise-Marguerite du Pérenno.

(2) Arch. dép., 39 U. Interr. de *La Bretagne*.

(3) Arch. dép., 34 U 14, Proc., 633 *bis*, Interrogatoires de Bonne et Rose du Pérenno, de Flore de Kerouallan et de l'abbé Le Borgne.

niers, ils furent consignés dans leurs chambre, avec défense d'en sortir et gardés à vue (1). Dès le lendemain, 12, la municipalité de Guémené fut requise de fournir le pain pour la troupe et le fourrage pour les chevaux (2).

Rien toutefois ne permettait de suspecter Mlle de Derval non plus que sa sœur et son beau-frère. Le général Villatte put aisément s'en convaincre en causant avec eux et, au bout de quarante-huit heures, le samedi 13, il leur rendit leur entière liberté (3).

D'autre part la surveillance des factionnaires ne fut pas assez étroite pour empêcher toute communication entre Bonne du Pérenno et Julien Videlo. Un jour cette femme de cœur put échapper à la vigilance de ses gardiens, et se glissant furtivement dans une pièce voisine de la cachette du proscrit, elle réussit à lui passer du pain et du vin (4).

Il y eut même entre eux échange de correspondance. Bonne reçut de *Tancrède* un billet dont nous ignorons d'ailleurs le contenu ; elle lui en remit un autre également perdu par lequel elle l'instruisait de la marche des événements et notait avec soins certains détails particulièrement intéressants, par exemple l'intention du général Villatte d'emmener le cheval isabelle.

Elle savait bien qu'elle aggravait son cas ; mais elle ne croyait pas pouvoir laisser mourir de faim un homme qui s'était confié à son hospitalité.

Le dossier contient deux autres billets écrits de la main de *Tancrède*, pendant ces jours d'angoisses et postérieurement à ceux dont nous venons de parler. Il les destinait aux deux sœurs, mais ne réussit pas à les leur faire parvenir (5). Ils nous renseignent du moins sur la situation et l'état d'âme de leur auteur ; c'est pour cette raison que nous les transcrivons ici.

« Je crois que mes gardiens sont encore ici pour quelque temps, écrit-il dans celui qui paraît être le premier en date. J'ai sérieusement pensé aux moyens de m'évader. Ce serait de jour ou de nuit. Je crois le premier moyen préférable, car j'imagine

(1) Arch. dép., 34 U 14, Proc. 633 *bis*., Interr. de Rose du Pérenno, n° 3.
(2) Arch. municip. de Guémené, aux Arch. dép.
(3) Arch. dép., 37 U 3, Interr. de M. de Martillat.
(4) Arch. dép., 34 U 14, Proc. 633 *bis*. Interrog. de Bonne du Pérenno.
(5) Arch. dép., 34 U14, Interr. de Bonne du Pérenno, n° 4.

que quelque temps après la retraite, toutes les issues doivent être, pour ainsi dire, hermétiquement fermées. Voicy donc quelle serait mon idée. Gardez-vous surtout de rire dans un si grave sujet.

« Je me rendrais d'abord dans la chambre de Dominique (1) ou de Mlle Flore. Là je m'habillerais en femme. Mlle Derval est à peu près de ma hauteur et n'est guère moins mince. Lors de l'appel du soir et quelques temps avant la retraite, je sortirais avec les dames. Nous nous rendrions dans le petit jardin. Une fois rendu là, je suis sauvé, s'il n'y a pas de factionnaire près du mur à l'est. Monsieur le Recteur ou M. Martillat, à un signal convenu, engagerait les factionnaires du corridor à entrer pour prendre un verre d'eau-de-vie.

« Il y aurait un autre moyen, ce serait d'attendre la nuit dans la chambre de Dominique de descendre dans la basse-cour par une échelle de corde et de me rendre ensuite dans le petit jardin.

« Enfin j'ai imaginé qu'il n'est pas impossible de pratiquer dans l'endroit de la couverture qui donne sur la cour du grand jardin une ouverture. Mais j'ignore absolument comment sont placés les factionnaires de nuit. Au reste, Mesdames, si vous avez quelque autre moyen ou si vous jugez les miens insuffisants, ne craignez pas de me le dire. Je suis absolument résigné à tout. Mille remerciements de tous vos bons soins. Que Dieu vous récompense comme vous le méritez. Je ne sais si je vous ai marqué que j'ai promis un cierge de 6 # au Penity (2). Je vous prie de le faire remettre le plus tôt que vous pourrez. Vous ne me marquez pas si c'est parce qu'on suppose la petite jument m'appartenir qu'on veut vous la prendre.

« Je n'ai pas trouvé la clef du petit coffre (3). Je désirerais aussi avoir un crucifix et un livre, car je m'ennuie mortellement. Je crois au reste que, s'ils supposent quelqu'un ici, ils veulent le prendre par la famine.

« Vous ne m'avez pas dit de quelle garnison étaient les troupes. Qui croyez-vous qu'elles cherchent ? Pouvez-vous penser que ce n'est pas moi ? N'oubliez pas surtout de me faire passer le Dic-

(1) Dominique Cavil, domestique au château du Penvern.

(2) La chapelle de N.-D. du Penity, située à deux kilomètres environ du sud de Penvern, est encore aujourd'hui un lieu de pèlerinage très fréquenté. Le pardon a lieu le dimanche après l'Assomption.

(3) C'était une cassette en acajou dans laquelle Videlo avait déposé sa bourse, des lettres et divers papiers. (Voir plus loin).

tionnaire historique et un livre de lecture ; si vous ne le pouvez par la trappe, il y a à l'extrémité du grenier des endroits commodes. »

« A tout hasard, lisons-nous dans le dernier billet, je vais vous communiquer mon projet.

« Je descendrais dans la cache en dessous. Il faudrait faire dans le mur de Fanchon (1) une ouverture propre à me faire passer. Je me rendrais dans la chambre de M. Louis (2) et il me serait facile d'entrer dans le chanvrier de Pierric (3) par le moyen d'une corde que j'attacherais à un des peupliers pour ne pas faire de bruit en descendant. Pierric aurait soin de faire aussi une ouverture dans le mur du côté de la campagne. On donnerait une montre à Pierric et à une heure précise il sortirait et entrerait dans le chanvrier. Je rentrerais à sa place habillé en paysan. S'il n'y a pas de factionnaire derrière la maison, ce moyen me paraît excellent. Si vous l'approuvez envoyez demain Vincent (4) chez Pierric au moment où on battra le rappel pour la garde. Je le verrai. Ne m'oubliez pas dans vos prières ; jamais je n'en ai eu plus besoin. »

Quand il comprit que la troupe établissait ses quartiers à Penvern dans le but de le prendre par la famine, *Tancrède* n'eut plus qu'une pensée : s'évader pour échapper à une arrestation qui ne pouvait plus être qu'une question de temps.

Il nous est difficile de nous prononcer en pleine connaissance de cause sur ses projets d'évasion ; les lieux où il se cachait ont trop changé depuis. Ils nous paraissent toutefois bien compliqués et peu praticables. Ils ne pouvaient en tout cas réussir qu'avec la coopération des dames de Penvern, de leurs hôtes et de leurs domestiques. Or *Tancrède* ne parvint pas à communiquer ses plans aux habitants du château, et ceux-ci étaient surveillés de trop près pour servir utilement ses desseins.

VI. — L'ARRESTATION.

Cependant les forces administratives, militaires et policières mobilisées contre *Tancrède* redoublaient d'efforts. Le samedi 13 juin, le parquet de Lorient, Deschiens, substitut et Dufeigna,

(1) Françoise Le Port, cuisinière. — (2) Louis de Normanville, hôte des demoiselles du Pérenno (Cf. plus haut).

(3) Pierre Le Dain, journalier. — (4) Jean-Vincent Anezo, jardinier.

directeur du jury, sortirent d'Hennebont au petit jour avec le général Rouland ; une escorte protégeait leur marche et ils traînaient à leur suite *La Bretagne*. La journée fut laborieuse sinon fructueuse. Guidés par le traître, ils se mirent avec ardeur à la recherche des dépôts et de munitions des chouans. Ils firent en Lanvaudan, au Quelennec en Bubry, au bourg de Bubry surtout, des perquisitions minutieuses qui ne donnèrent pas de résultats appréciables (1). Ils passèrent la nuit à Bubry, et le lendemain matin, après avoir renvoyé une partie des troupes qui les accompagnaient, ils se rendirent à Guémené, emmenant *La Bretagne*.

Ils comptaient y rencontrer les commandants des troupes cantonnées à Penvern et leurs collègues du parquet de Pontivy, le substitut, Bonaventure Guépin et le directeur du jury, Alexandre Ruinet; ils leur communiqueraient les renseignements qu'ils avaient recueillis, mettraient *La Bretagne* à leur disposition, enfin s'entendraient avec eux pour assurer l'arrestation de l'insaisissable *Tancrède* (2).

Guépin et Ruinet se firent attendre. Ils ne reçurent que vers onze heures la réquisition du chef de bataillon Fourcard et ne durent pas paraître au rendez-vous avant quatre ou cinq heures de l'après-midi. *La Bretagne* était à ce moment aux mains du général Villatte à Penvern. Il devait d'ailleurs être reconduit à Guémené dans la soirée. Les conférences commencèrent aussitôt entre les membres des deux parquets et les chefs militaires. Quand Guépin et Ruinet eurent achevé la lecture des déclarations faites par *La Bretagne* au directeur du jury de Lorient, recueilli toutes les indications et pris toutes les notes dont ils pouvaient avoir besoin, il était huit heures du soir. Ils remirent au lendemain leur départ pour Penvern (3).

(1) Arch. dép., 37 U 3, Procès-verbal de descente à Bubry. Chez Maturin Pérès, au Quelennec, ils trouvèrent dans une cachette très habilement dissimulée, quelques objets ou papiers ayant appartenu à Duval : un passe, un mémoire de souliers distribués à ses hommes, un état de situation, etc... Ils découvrirent dans le grenier à foin de Pierre Le Strat, au bourg, des linges et ornements d'église, des livres de religion, des effets d'habillement et de literie appartenant à Benjamin Videlo recteur de Bubry, et même deux volumes d'instructions pour le service de l'infanterie qui seuls furent saisis pour être déposés au greffe du Tribunal de Lorient. Ils visitèrent également, sans succès, les maisons de Mlle Bertrand, sœur du prêtre, de Philie de Kerouallan et d'Annette Le Bras, servante de Louis Videlo, vicaire de la paroisse.

(2) Arch. dép., 37 U 3, Procès-verbal de descente à Bubry et autres communes.

(3) Arch. dép., 37 U 3, Procès-verbal de transport à Guémené, etc.

Le lundi 15, à six heures du matin, magistrats et officiers se mirent en route, sous la protection d'une escorte au milieu de laquelle marchait *La Bretagne* (1). Ils durent arriver à Penvern vers huit heures.

Le passage de *La Bretagne* au château la veille n'avait donné aucun résultat. Mis en présence des deux châtelaines, il avait même dû avouer qu'il ne connaissait pas Mlle Rose (2). On avait cru néanmoins qu'une nouvelle perquisition faite sous ses yeux et pour ainsi dire sous sa direction avait quelque chance de succès. Il n'en avait rien été (3).

Le directeur du jury de Pontivy voulut en finir. Il s'installa dans une des pièces du château, demanda au général Villate de lui amener *La Bretagne* ; il l'interrogea longuement, et fit consigner soigneusement ses réponses par son greffier Petiot. Il espérait que de cet interrogatoire fait sur les lieux mêmes jaillirait enfin la lumière.

Après avoir raconté son histoire avant la pacification de Brune, *La Bretagne* déclara :

10°) Qu'il remettait ses dépêches pour la région de Lorient, Pont-Scorff et Arzano, à *Joson* et, après sa mort à Kremer, dit *Richard*.

11°) Qu'il remettait les dépêches qu'il recevait de ces deux chefs à Dancourt, dit *Augustin*, à Bubry, et depuis sa mort, à Videlo, dit *Tancrède*, au château de Penvern où il le trouvait régulièrement.

12°) Qu'il est à sa connaissance qu'il existe une cache d'hommes au dit château, sans pouvoir l'indiquer ; mais qu'il ne sait pas s'il y a des dépôts d'armes.

13°) Qu'il recevait de l'argent à Penvern des mains de Videlo...

14°) Qu'il trouvait ordinairement Videlo, au château de Penvern, dans la dernière chambre à droite en entrant dans le corridor, en face d'un escalier dérobé, et qu'elle est composée d'un vestibule et d'un cabinet de toilette ; ajoute que, lorsqu'il faisait froid, Videlo le faisait manger dans un autre appartement où loge actuellement Bonne Coupé.

15°) Déclare reconnaître le cheval isabelle, ayant une raie noire sur le dos, qui lui a été représenté, pour être celui que montait

(1) Arch. dép., 37 U 3, Procès-verbal de transport à Guémené et à Penvern ; procès-verbal de descente à Bubry.

(2) Arch. dép., 34 U 4, Interr. de Thérèse Joseph du Pérenno, n° 4.

(3) Arch. dép., 37 U 3, Procès-verbal de descente à Bubry.

ordinairement Videlo ; qu'il fut acheté, il y aura un an à la prochaine récolte, à la foire de Lochrist, près Hennebont, et payé 210 francs en piastres d'Espagne, par Louis Le Coëffic, de Redené, qui était accompagné de *Philippe*, domestique de Videlo.

16°) Que Videlo doit se cacher actuellement dans quelque coin du château particulièrement connu des dames du dit château ainsi que de la femme de chambre Bonne (1).

Cette sorte d'interrogatoire terminé, Deschiens et Dufeigna quittèrent Penvern avec *La Bretagne* et leur escorte ; ils rentrèrent le soir à Lorient par Inguiniel, Plouay et Calan (2).

Munis de tous les renseignements qu'ils ont pu recueillir, accompagnés du général Villatte, du lieutenant de gendarmerie Dhénnin et de quelques autres officiers, Guépin et Ruinet se rendent dans la chambre de Bonne du Pérenno et se livrent à une tentative désespérée pour lui arracher son secret (3). « Ils savent, disent-ils, qu'il y au château des cachettes recelant des armes, des munitions et même des hommes. C'est en vain qu'elle essaierait de le nier. Ils lui déclarent que, s'ils parvenaient à les découvrir sans son concours, sa connivence avec les ennemis de la République serait démontrée et que dès lors, elle devrait s'attendre à subir les peines édictées par les lois contre les rebelles eux-mêmes. » Puis des menaces passant aux promesses, ils lui font entendre que, si elle consent à favoriser leurs recherches, il lui sera largement tenu compte de son isolement, de sa faiblesse, de la pression opérée sur elle pour la forcer à accepter des dépôts qui, par leur nature, sont criminels.

Au dire du procès-verbal, Bonne du Pérenno répondit qu'elle pouvait être victime de la calomnie, mais que bien certainement sa maison ne contenait ni caches d'hommes, ni dépôts d'armes ; que cependant, pour rendre hommage à la vérité, elle devait avouer qu'il s'y trouvait un endroit secret, connu d'elle seule, où

(1) Arch. dép., 37 U 3, Procès-verbal de transport à Guémené du 25, et déclaration de Miller dit *La Bretagne* au château de Penvern du 26. Nous avons fait à ce texte de légères corrections destinées à en faciliter la lecture.

(2) Arch. dép., 37 U 3, Procès-verbal de descente à Bubry et communes voisines.

(3) Le récit qui suit est presque entièrement tiré du Procès-verbal de transport à Penvern, 26 prairial an IX. (Arch. dép., 37 U 31. Quelques détails complétaires sont empruntés à l'interrogatoire de Le Verger, et aux diverses pièces concernant M. et Mme de Martillat (Arch. dép., 37 U 3).

elle avait déposé un fusil laissé par M. *Achille* (Achille Biget) lors de son passage à Penvern.

Sommée de montrer cette cachette, Mlle Bonne sort de sa chambre suivie de ses interlocuteurs. Dans le vestibule, il y a une grande armoire ; elle l'ouvre et invite les assistants à en pousser le fond. Il se fait ainsi une ouverture d'un pied et demi carré. Sur l'ordre du général Villatte, le lieutenant de gendarmerie s'y glisse et pénètre dans un réduit d'où il retire :

Un fusil à deux coups chargé des deux canons et amorcé ;

Un pistolet de fabrication anglaise ;

Un paquet de poudre fine ;

Un tourne-vis, un tire-bourre et deux pierres à fusil ;

Une cocarde blanche ;

Divers effets dont une veste de chouans ;

Deux gravures dont l'une représente Charles-Philippe de France, autrement dit Monsieur, frère du Roi et l'autre Louis-Antoine de France, duc d'Angoulême ;

Enfin une grande quantité de papiers appartenant à Bonne de Penvern ou à son amie, Mlle Marie-Anne de Forsanz.

Inventaire fut aussitôt dressé de tous les objets trouvés ; quant aux papiers, dont on ne pouvait songer pour le moment à faire le dépouillement, ils furent mis sous bandes scellées, ainsi que les boites ou coffrets qui les renfermaient, du sceau du juge de paix de Guémené.

C'était un premier succès. Ruinet put croire que Mlle du Pérenno avait faibli ; il se fit plus pressant ; il l'adjura de nouveau de faire connaître les autres cachettes, en particulier celles où s'était réfugié *Tancrède*. Mlle Bonne affirma sur l'honneur qu'il n'y avait pas d'autres cachettes au château, que Julien Videlo n'était pas chez elle, qu'elle ne l'avait pas vu depuis un mois.

Pour arriver à ses fins le directeur du jury de Pontivy disposait d'un dernier moyen ; les autres n'ayant pas réussi, il se décida à en faire usage.

Il envoya chercher deux menuisiers de Guémené pour l'aider dans ses recherches, Jean-François Le Verger et Louis Mario. Il était environ midi.

Le Verger était, on s'en souvient, celui qui avait aménagé la cachette de *Tancrède* quelques semaines auparavant.

Avait-il laissé échapper quelque parole imprudente ? fait allusion aux travaux qu'il avait exécutés à Penvern ? laissé entendre, pour se donner de l'importance, qu'il en savait beaucoup plus qu'il n'en disait? Ses propos colportés et commentés étaient-ils arrivés aux oreilles de Guépin ou de Ruinet? Il y eut au moins cela. Alla-t-il plus loin et se rendit-il coupable, vis-à-vis de demoiselles du Pérenno et de Julien Videlo, d'une véritable trahison? Cela nous paraît très vraisemblable (1). Indiscrétion ou trahison, Le Verger complète *La Bretagne*.

Les deux menuisiers n'arrivèrent pas à Penvern avant quatre ou cinq heures de l'après-midi. Ils furent aussitôt mis en présence des magistrats, du général et des officiers qui les entouraient, et ordre leur fut donné de sonder les cloisons et les planchers. Ils commencèrent leurs recherches par les chambres et cabinets occupés par les dames de Penvern, puis les continuèrent de chambre en chambre le long du corridor, en allant du levant au couchant (2).

Personne ne s'attendait à faire des découvertes sensationnelles dans cette partie du château, où l'on perquisitionnait au moins pour la troisième fois depuis cinq jours. Chacun savait, et Le Verger mieux que tout autre, que Videlo n'était pas là.

On n'y trouva en effet « rien de suspect » sauf peut-être, renfermé dans une caisse dans la chambre de l'abbé Le Borgne, un habit de paysan (3) que ce prêtre avait fait faire quatre ans auparavant pour se déguiser dans les mauvais jours, et, dans une armoire au bout du corridor, un pantalon et une paire de gants à crispin.

Du grand corridor Guépin, Ruinet, Villatte et leurs acolytes, suivis de Bonne du Pérenno, pénétrèrent par l'escalier dérobé

(1) On peut objecter que Guépin et Ruinet n'appellent pas seulement Le Verger à Penvern, mais qu'ils font venir avec lui Louis Mario; qu'une grande partie du château fut visitée avant d'arriver à l'endroit où Le Verger savait que se cachait Videlo; que Le Verger démolit la terrasse en torchis de la cachette au lieu de soulever la trappe dont il connaissait parfaitement l'existence puisqu'il l'avait placée de ses propres mains; qu'enfin il fut arrêté lui-même comme complice de Bonne du Pérenno.

Toutes ces objections se résolvent suffisamment, croyons-nous, par cette considération que, dans l'intérêt de Le Verger comme du parquet lui-même, il était nécessaire de sauver les apparences.

Dès que Le Verger arrive à Penvern, les recherches jusque-là infructueuses, ont un plein succès. Enfin il y a dans le pays une tradition d'après laquelle l'auteur de l'arrestation de Videlo serait venu de Guémené.

(2) Arch. dép., 37 U 3, Interrog. de Jean-François Le Verger.

(3) Gilet en molleton, pantalon et veste de toile; Arch. dép., 37 U 3, Procès-verbal de transport à Penvern, 26 prairial an IX.

dans le bâtiment des cuisines. Ils se trouvèrent bientôt dans un petit grenier. Un examen attentif des lieux les convainquit, au dire du procès verbal, qu'il y avait au-dessus un autre grenier lequel n'avait aucune ouverture sur l'extérieur. C'était sans doute la cachette qu'ils cherchaient. Pour s'en assurer il suffisait de percer le plafond de la petite pièce où ils se trouvaient; rien n'était plus facile, car ce plafond très bas, n'était, nous l'avons vu plus haut, qu'une sorte de terrasse faite de barrasseaux garnis d'un torchis de terre glaise et de foin.

On mit aussitôt une barre de fer aux mains de Le Verger, avec ordre de faire sauter quelques barrasseaux. Ce fut bientôt fait, et dès lors une large ouverture permettait de se hisser à l'étage supérieur. Ruinet commandait d'y monter, quand, au milieu du nuage de poussière jaunâtre, un homme parut qui s'écria : « En voilà assez : je me rends. » C'était Julien Videlo. Guépin, Ruinet, Le Verger, le reconnurent sans peine. Par l'ouverture de la terrasse, il se laissa glisser hors de sa cachette et vint tomber au milieu du groupe formé par les magistrats et les officiers. Il fut aussitôt appréhendé par deux grenadiers de l'escorte du général garrotté avec une corde et fouillé avec soin.

On trouva dans la retraite du prisonnier de nombreux effets d'habillement, divers objets tels que montre en or avec chaîne d'acier, tabatière à cercle similor, pot à eau et écritoire de faïence, serviette ouvrée, etc..., des restes d'aliments : un pot de confiture entamé, des morceaux de pain, un peu de vin dans une bouteille ; on y fit aussi des découvertes plus compromettantes : une poire à poudre de chagrin avec un sac à plomb, et, dans une cassette d'acajou, vingt-cinq doubles-louis d'or et neuf guinées anglaises que le général Villatte fit aussitôt remettre au commandant Fourcard; enfin une lettre, les deux billets écrits par Videlo pour soumettre aux dames de Penvern ses plans d'évasion, et une masse de papiers dont on dut remettre l'examen à plus tard (1).

(1) Effets trouvés dans la cachette de Videlo :
« 1° Un habit couleur café avec des boutons pareils.
2° Un autre habit de draps olive avec des boutons d'acier.
3° Un autre habit de draps gris foncé avec des boutons d'acier.
4° Une capote de calmouk gris, bordée de noir.
5° Un gilet et deux pantalons couleur queue de serein.
6° Un autre pantalon de velour rayée couleur merde d'oye.
7° Une carmagnole de cotonnade couleur violette.

Il était plus urgent de mettre la main sur les habitants du château.

Sur réquisitoire du substitut, le directeur du jury fit mettre en état d'arrestation les dames de Penvern, leurs hôtes et leurs domestiques. Les uns furent simplement consignés dans leurs chambres, les autres, dont Flore de Kerouallan, enfermés dans la chapelle en attendant leur transfert à la prison de Pontivy. Ils étaient regardés « comme évidemment complices du crime d'intelligence avec les ennemis intérieurs de la République, comme convaincus d'avoir recelé « leurs effets et leurs personnes » et « d'autant plus condamnables qu'il n'avait tenu qu'à eux d'éviter, par une déclaration franche et sincère, les poursuites que la loi commande contre ceux qui se rendent coupables de pareils crimes ».

Seulement, appliquée à la lettre, cette mesure laissait sans gardiens le château de Penvern, et il contenait « des effets précieux en grande quantité ». Dans l'intérêt des dames du Pérenno, Guépin demanda que le juge de paix de Guémené fût requis d'apposer les scellés sur toutes les fermetures en présence des deux intéressées, et de désigner, d'accord avec celles-ci, des gardiens en nombre suffisant. Le choix tomba sans doute sur Dominique Cavil, Jean-Vincent Anezo, Joseph Nicolo et Jeanne Gibois dont les noms ne figurent plus dans la suite parmi les prisonniers de Penvern.

Il était huit heures du soir quand toutes ces opérations furent terminées. C'était trop tard pour songer à rentrer à Pontivy. Les magistrats et la troupe durent se résigner à passer une nuit de plus à Penvern. Cette nuit fut d'ailleurs très occupée et très agitée. On procéda d'abord à l'apposition des scellés ; on fit ensuite le triage des objets et papiers trouvés dans les deux cachettes : ceux qui semblèrent propres à servir de pièces à conviction furent déposés dans une grande malle que Ruinet fit fermer et sceller.

8° Une culotte de draps pareille à l'habit couleur caffé.
9° Un gilet casimir vert bouteille brodé.
11° Un autre gillet fond jaune moucheté.
12° Une paire d'escarpins.
13° Un pantalon calmouk brun et une mauvaise culotte de drap noir. »

On y trouva aussi :

16° Une carte géographie de la Bretagne collée sur toile... »

Enfin le substitut et le directeur du jury n'avaient pas pu ne pas tenir compte de l'état de Mme de Martillat; sa détention à la maison d'arrêt aurait pu avoir les suites les plus fâcheuses; l'humanité commandait vis-à-vis d'elle tous les ménagements. Aussi les magistrats avaient-ils consenti à la laisser libre moyennant la promesse de se présenter à la justice à toutes réquisitions.

C'en était déjà trop pour la jeune femme. Les événements imprévus qui se déroulaient sous ses yeux depuis cinq jours et auxquels elle se trouvait si malencontreusement mêlée, l'arrestation de son mari et la perspective d'une séparation que les circonstances rendaient plus cruelle encore, la pensée de l'isolement auquel elle se trouvait condamnée et des poursuites dont elle allait être l'objet, produisirent sur elle une impression si forte que pendant la nuit elle eut une violente crise de nerfs suivie d'épouvantables convulsions. Son mari très inquiet fit appeler en toute hâte Jean-Marie Lorho, officier de santé à Guémené, qui prodigua ses soins à la malade. Le lendemain matin la crise était passée. Mais dans ces conditions on ne pouvait emmener M. de Martillat. C'eut été une cruauté inutile et d'autant plus odieuse que les deux époux paraissaient bien étrangers à tout ce qui s'était passé à Penvern.

Guépin et Ruinet accordèrent sans peine de nouvelles concessions. M. de Martillat fut laissé en liberté provisoire ainsi que sa femme. L'officier de santé Lorho consentit à être leur caution et s'engagea à verser à l'enregistrement la somme de 3.000 # lorsqu'ils en seraient requis (1).

Ces formalités terminées, la troupe entière — gendarmes, grenadiers, dragons, hussards — quitta Penvern avec ses officiers, le général Villatte et le parquet de Pontivy, moins fier peut-être qu'embarrassé de son succès. Elle emmenait enfin ce *Tancrède* si longtemps insaisissable et les onze autres captifs, la masse des papiers et des pièces à conviction, et le cheval isabelle trouvé dans les écuries de Penvern.

Le groupe déjà nombreux des prisonniers se grossit encore d'une unité au passage à Guémené. Par ordre du substitut, Le Verger à son tour était mis en état d'arrestation « comme prévenu d'avoir favorisé les intentions des demoiselles de Penvern

(1) Arch. dép., 37 U 3, pétition de M. de Martillat; conclusions du substitut du commissaire du Gouvernement; ordonnance du directeur du jury.

en faveur de Julien Videlo (1) ». Le parquet de Pontivy s'apercevait peut-être un peu tard que laisser cet homme en liberté, alors qu'on prodiguait les mandats d'arrêts, c'était lui rendre un fort mauvais service et le désigner, d'une certaine façon, comme l'auteur de l'arrestation et de ses complices.

L'émotion provoquée par le coup de main de Penvern fut énorme à Persquen et à Guémené où les dames du Pérenno étaient universellement vénérées et aimées ; elle ne fut pas moindre à Pontivy, la petite ville « patriote » où Julien Videlo avait encore sa mère, plusieurs sœurs et beaux-frères et où il était connu de tout le monde.

Le jour même, vers midi, *Tancrède* fut écroué à la maison d'arrêt établie dans l'ancien couvent des Ursulines, avec l'abbé Le Borgne, Louis de Normanville, Pierre-Julien Fily, Bonne Coupé, Bonne Cavil, Françoise Le Port, et Jean-François Le Verger.

Par une faveur à laquelle le général Bernadotte ne fut peut-être pas étranger (2), les dames de Penvern furent l'objet d'attentions spéciales. On les interna, ainsi sans doute qu'Angélique de Derval et Flore de Kerouallan, dans une maison située sur la place du Petit-Martroy, en face de celle qu'habitait le substitut Guépin (3).

VII

L'Instruction. — Démarche de la municipalité de Persquen

Dès le lendemain, mercredi 17 juin, le substitut du commissaire du gouvernement invitait le directeur du jury à s'occuper sans retard de l'affaire Videlo-*Tancrède* et complices. « Mais avant de procéder à leurs interrogatoires, ajoutait il (4), il faut

(1) Arch. dép., 37 U 3, Interr. de François Le Verger.

(2) Arch. dép., 37 U 3. Lettre du substitut Guépin au directeur du jury Ruinet, du 28 prairial an IX, 17 juin 1901.

(3) La maison Guépin porte aujourd'hui le n° 9 de l'ancienne place du *Petit Martroy*, appelée aujourd'hui, en l'honneur du directeur du jury d'alors, place *Ruinet du Taillis*. Arch. dép., 37 U 3, lettre du substitut au directeur du jury, 28 prairial an IX, 17 juin 1801.

(4) Arch. dép., 37 U 3, Lettre du substitut au directeur du jury, 28 prairial, 17 juin.

préalablement dépouiller l'immense quantité de papiers saisis au château de Penvern, et je crois que, pour que cette opération soit régulière, il est bon qu'elle se fasse en présence de la demoiselle Bonne Penvern et du nommé *Tancrède*, par la raison que c'est devant eux que nous les avons trouvés et déposés dans la malle qui les contient aujourd'hui. Pour épargner à ces dames le désagrément d'être promenées dans la ville au milieu d'une procession, je vous propose de procéder au dépouillement des papiers dans un de mes appartements ; par ce moyen la demoiselle Penvern n'aura qu'un pas à faire pour y venir et un pas pour s'en retourner. Videlo sera le seul exposé à la promenade désagréable que je crois qu'il est dans le vœu du général qu'on évite aux demoiselles Penvern. Pour que votre opération aille plus vite, je vous propose encore d'appeler à concourir à notre travail le citoyen Boblaye (1). »

Le travail préliminaire dont il est question dans cette lettre eut lieu le jour même. Mais il ne sembla pas que Ruinet ait tenu compte du vœu de Bernadotte ni des désirs de Guépin. Du greffe où elle avait été déposée la veille, il fit transporter dans la salle du jury la malle qui contenait les papiers saisis à Penvern ; et il procéda lui-même à l'opération du dépouillement en présence de *Tancrède* et de Bonne du Pérenno. Il invita seulement à y assister le substitut, afin qu'il put prendre telles réquisitions qu'il jugerait utiles, et le greffier du tribunal, pour en rapporter procès-verbal (2).

Mlle Bonne dut donc, tout comme *Tancrède* faire « la promenade désagréable ». Il est probable d'ailleurs que la maison du Petit-Martroy ne lui servit pas longtemps de prison, non plus qu'à ses compagnes. Le parquet sans doute songeait dès lors à les traduire devant le tribunal spécial, et il dut s'apercevoir que la loi qui établissait cette juridiction nouvelle portait, art. 22 : « Les officiers de gendarmerie et de police ne pourront tenir l'accusé en charte privée dans leurs maisons ou ailleurs ». Au bout de fort peu de temps, tous les inculpés durent donc se trouver réunis à la maison d'arrêt.

(1) Puillon-Boblaye, Commissaire du Gouvernement près l'administration municipale de Pontivy.

(2) Arch. dép., 37 U 3, *Évangélisation et vérification des papiers relatifs à la procédure de Videlo et autres personnes arrêtées*, 28 prairial an IX (17 juin 1801).

Les pièces que renfermait la malle furent examinées, triées et inventoriées. Au fond elle ne présentaient pas grand intérêt.

Ruinet retint : 1° les trois billets que Tanorède avaient écrits dans sa cachette et où il parlait de sa situation et de ses projets d'évasion ; 2° une note indicative des personnes à qui il avait distribué les grains restant dans les greniers des chouans après la pacification de Brune ; 3° une chanson royaliste vieille de deux ou trois ans et connue de tout le monde, qu'il déclara n'être pas de son écriture ; 4° trente et une pièces écrites de sa main et concernant « divers objets de littérature, d'histoire, de politique, de philosophie et de géographie; Ruinet les regardait comme insignifiantes, mais Videlo mit une sorte de coquetterie à demander qu'elles fussent jointes au dossier.

Le directeur du jury retint encore un reçu par lequel Guillemot, chef de la légion de Bignan, reconnaissait avoir pris au château de Cadoudal, qui appartenait à Bonne du Pérenno, quarante-trois demés et demi de seigle, le 21 janvier 1800 ; le passe accordé par le général Debelle à l'abbé Le Borgne l'année précédente, et les passeports de Mlle de Derval, de Louis de Normanville et de Joseph Nicolo, etc.. Toutes ces pièces chiffrées et paraphées furent déposées au greffe du tribunal. Le dépouillement avait duré toute la journée du mercredi.

Le lendemain, pendant que le directeur du jury procédait aux premiers interrogatoires, une démarche touchante était tentée auprès du substitut en faveur des dames de Penvern. La municipalité de Persquen, le maire, l'adjoint et huit membres du conseil municipal (1), vinrent présenter au magistrat une pétition par laquelle les pauvres du pays imploraient la mise en liberté de leurs bienfaitrices. Nous laissons la parole aux édiles de Persquen :

« Nous, maire, adjoint et membres du conseil municipal, déclarons que les pauvres de Persquen au nombre de plus de deux cents et ceux de Lignol, commune voisine, au nombre de plus de cent, sont venus nous trouver, et ont mis en œuvres sollicitations, prières et larmes pour nous supplier de venir à leurs têtes solli-

(1) Arch. dép., 37 U 3, *Evangélisation et vérification*, etc..

(2) Arch. dép., 24 U 14, Pétition de la municipalité de Persquen signée de Louis-Vincent Alanic, maire ; Joseph-Louis Le Fur, adjoint ; Pierre Fouillen, Jean Le Penprat, Louis Seglai, Michel Le Cunff, Louis Croisier, Joseph Pichodo, Joseph Rivalain, François Caudan et Joachim Bellec, conseillers municipaux.

citer la mise en liberté des citoyennes Penvern, nous exposant que cette malheureuse année, ils sont condamnés à périr de misère et de faim s'ils sont privés de leurs secours ; qu'ils trouvaient en elles et remèdes dans toutes leurs maladies et des consolations dans leurs maux, enfin qu'elles étaient les véritables mères des pauvres et des malheureux ; ajoutent même qu'ils s'en retourneront sur leurs genoux, si l'on veut leur accorder la grâce qu'ils implorent, plusieurs d'entre eux allant jusqu'au point d'offrir leur vie pour racheter la leur, enfin nous observant que nous n'avions pas à craindre de nous compromettre, puisqu'ils n'avaient d'autres armes que leurs larmes et leurs prières et que nous ne faisions qu'exprimer les vœux des malheureux.

« Attendris par leurs pleurs et leurs gémissements, nous n'avons pu nous refuser à leurs désirs ; nous nous sommes en conséquence rendus dans la ville de Pontivy, accompagnés d'environ cent vingt de ces malheureux qui nous ont fait de si vives instances pour venir avec nous qu'il nous a été impossible de les refuser ; et nous autres ci-dessus dénommés, nous sommes séparés lors d'eux pour aller porter au commissaire du gouvernement la présente comme une faible expression du vœu des pauvres et des malheureux de notre canton.

« Moi, Alanic, certifie de plus que j'étais moi-même le distributeur des secours charitables que donnaient les citoyennes Penvern à la maison de Penvern et que ces secours consistaient en une distribution qui se faisait tous les dimanches et qui s'élevait par chaque fois à plus de quatre minots de seigle ou farine et à vingt livres de beurre ; de tout quoi nous autres certificateurs attestons que nous avons pareillement connaissance.

« Attestons tous également que les charités qu'elles faisaient par ailleurs chez elles pendant le cours de la semaine étaient au moins aussi considérables ; enfin qu'à trois quarts de lieues à la ronde, elles fournissaient aux malades des secours, des remèdes et des bouillons ; qu'elles allaient le plus souvent les leur porter elles-mêmes avec des paroles de consolation, et que leur détention plonge tout le canton dans la douleur la plus profonde. »

La pétition ne fut pas prise en considération et les pauvres de Persquen durent attendre longtemps encore la mise en liberté de leurs bienfaitrices.

VIII

L'Instruction (*suite.*)

Interrogatoire et mise en liberté des « complices ».

Ce même jour le directeur du jury assisté de Jean-François Le Botmel, commis-greffier, interrogea Louis de Normanville, François Le Port, Pierre Fily et l'abbé Le Borgne ; le lendemain comparurent à leur tour François Le Verger, Bonné Coupé, Bonne Cavil, Angélique de Derval, M. et Mme de Martillat, Flore de Kerouallan. Tous les inculpés, sauf M. et Mme de Martillat qui étaient en liberté provisoire, lui furent amenés par la force armée.

Normanville et François Le Port ignoraient tout, ainsi que M. et Mme de Martillat. Angélique de Derval et Bonne Cavil avaient vu Videlo et savaient qu'il était chouan, mais c'était tout (1).

Pierre Fily, Bonne Coupé, l'abbé Le Borgne et Flore de Kerouallan étaient mieux renseignés et ne firent pas difficulté pour le reconnaître.

Les deux premiers (2) avouèrent sans peine qu'ils avaient vu plusieurs fois Videlo au château et qu'ils connaissaient sa cachette ; Bonne Coupé ajouta même qu'elle avait servi à manger au courrier *La Bretagne*, sur l'ordre de ses maîtresses. Mais quand le directeur du jury reprocha à Fily de n'avoir indiqué la cachette de Videlo ni à la troupe ni au parquet, celui-ci répondit qu'il était au service des dames de Penvern depuis trente ans et qu'il aurait cru manquer à la fidélité qu'un domestique doit à ses maîtres en révélant ce qu'elles ne lui avaient confié que sous le sceau du secret (3).

« J'avais parfaite connaissance de cette cache, répondit à son tour le recteur de Persquen : mais il ne m'appartenait ni d'en interdire l'entrée ni d'en divulguer le secret. — Toujours ne convenait-il pas aussi, reprit Ruinet, de mentir à la justice lorsqu'elle vous interrogea. — J'ai toujours considéré, répliqua-t-il,

(1) Arch. dép., 37 U 3, Interr. de Normanville, Françoise Le Port, M. et Mme de Martillat, Angélique de Derval et Bonne Cavil.

(2) Arch. dép., 37 U 3, Interr. de Pierre-Julien Fily et Bonne Coupé

(3) Arch. dép., 37 U 3, Interr. de Pierre-Julien Fily.

l'action d'un délateur comme quelque chose d'infâme, surtout dans un ecclésiastique, et il me semble que j'eusse encouru cette infamie si j'avais divulgué un fait qui m'avait été donné sous le secret (1). »

Flore de Keroullan fit une réponse analogue : elle connaissait la cachette de Videlo ; mais elle s'était pas cru en droit de violer un secret qui aurait pu devenir nuisible aux dames de Penvern à qui elle devait tout (2).

Dans la première partie de son interrogatoire, Jean-François Le Verger relate deux faits : l'aménagement de la cachette de Penvern au mois de mai, et sa propre coopération aux perquisitions du 15 juin. Nous citons à peu près textuellement la suite :

—Comment vous, qui aviez connaissance de tous ces ouvrages, pûtes-vous accepter la commission d'aller faire la fouille à Penvern ?

— Je ne crus pas pouvoir m'en dispenser, attendu l'ordre du maire qui me parut pressant et auquel je craignis de désobéir.

— Quand vous fûtes arrivé au château..., vous fûtes alors pleinement instruit de l'objet de votre mission qui était de découvrir toutes les caches qui étaient dans la maison. Or, ayant parfaite connaissance de celle dont vous venez de parler, comment pûtes-vous ne pas la déclarer à la justice et aux chefs militaires au nom desquels vous fûtes convoqué ?

— Je me regardais dans toutes ces opérations comme purement passif en sorte que j'attendais que l'on fût parvenu à l'endroit de la cache... pour découvrir ce que j'en savais.

— Au moins fallait-il, quand vous fûtes arrivé à cet endroit, empêcher que l'on ne dégradât la maison pour y pénétrer puisque vous en connaissiez l'issue ?

— Je conviens que je manquai en cela, mais je croyais que dans la circonstance je ne devais rien faire ni dire de mon chef et que tout consistait à mon égard à obéir aux ordres que l'on me donnait; et ce fut aussi ce que je fis, en me portant un des premiers à enlever les barrasseaux du milieu du petit grenier, au moyen d'une barre de fer qu'on m'avait mise en main (3).

Réticences, demi-aveux, explications embarrassées, suggé-

(1) Arch. dép., 37 U 3, Interr. de Julien Le Borgne.
(2) Arch. dép., 37 U 3, Interr. de Flore de Keroullan.
(3) Arch. dép., 37 U 3, Interr. de Jean-François Le Verger.

rées, dirait-on, par le magistrat instructeur lui-même — il fallait compter avec la défense —, tout cela n'est pas fait pour dissiper le relent de trahison dont le prompt succès des recherches faites en présence de Le Verger et le rappel de la tradition locale vous ont déjà donné la sensation.

Après son interrogatoire, Le Verger fut reconduit à la maison d'arrêt. Mais à Guémené, le maire et l'adjoint, le commandant, les officiers et les soldats de la garde nationale, où il avait le grade de caporal, pétitionnaient en sa faveur : il avait toujours joui d'une bonne réputation ; sa conduite était irréprochable; on ne pouvait que louer sa probité, son zèle, son exactitude dans le service ; il avait marché plusieurs fois contre les brigands (1).

Après huit jours de détention, ce bon citoyen fut jugé suffisamment puni « de n'avoir pas indiqué la cache ; d'ailleurs il en ignorait la destination, et, jusqu'à un certain point, était lié par le secret ». Il fut mis en liberté le 23 juin, par ordonnance du directeur du jury (2).

M. et Mme de Martillat, qui étaient déjà en liberté provisoire, avaient été mis hors cause définitivement le 19 juin. Mlle de Derval avait été relâchée en même temps. L'abbé Le Borgne, Flore de Kerouallan, Louis Normanville, tous les domestiques furent à leur tour déclarés libres entre le 20 et le 26 juin : les uns, comme Normanville, Françoise Le Port, Bonne Cavil parce qu'ils ne savaient rien ; d'autres, comme Fily et Bonne Coupé pour cette raison que, leur faute — si faute il y avait — était le « résultat de leur fidélité à leurs maîtres », et que les punir eût été « inviter les domestiques à trahir la confiance de leurs maîtres (3) ».

L'abbé Le Borgne sortit de prison le 23 juin et Mlle Flore le 26. Les conclusions du substitut et l'ordonnance du directeur du jury étaient tout à leur honneur.

« Cet ecclésiastique(4), ne peut être sensé avoir contivé avec les

(1) La première pétition est signée Le Cloirec, maire, Le Corre-Pouldu, adjoint, et contresignée Le Liboux, secrétaire.

(2) Arch. dép., 37 U 3, Conclusions du substitut et ordonnance du directeur jury concernant Le Verger.

(3) Arch. dép., 37 U 3, Conclusions du substitut et ordonnance du directeur du jury, concernant M. et Mme de Martillat, Angélique de Derval, Louis Normanville, Françoise Le Port, Bonne Cavil, Pierre Fily et Bonne Coupé.

(4) Arch. dép., 37 U 3, Conclusion et Ordonnance relatives à l'abbé Julien Le Borgne.

ennemis intérieurs de la République pour cela qu'il n'a pas voulu révéler la cache de Videlo dit Tanqueret (*sic*), cache dont on ne lui avait donné la connaissance que sous le secret ; le re-refus de s'expliquer sur cette cache ne peut être attribué au désir de soustraire à la vengeance de la Loy un homme en rebellion contre elle, et n'a [d'autre] motif que la crainte de compromettre les dames de Penvern ses bienfaitrices ; cette crainte jointe à l'obligation de ne point trahir un secret dont il devait être le fidèle dépositaire, puisqu'il ne lui appartenait pas, sont suffisantes (*sic*) pour justifier sa conduite... ; d'ailleurs il a souscrit l'engagement de dire la messe dans les chapelles comme ci-devant et de n'annoncer que la parole de Dieu, la paix et l'union. » Cet engagement avait en effet été contracté la veille par l'abbé Le Borgne (1).

« L'unique charge qu'il y ait contre ladite demoiselle Keroualan, lisons-nous d'autre part, c'est d'avoir eu connaissance de la retraite de Videlo..., ainsi que du lieu où il était caché et de ne l'avoir pas révélé. Or révéler le secret de son ami, c'est disposer d'un bien dont on n'est pas le maître, c'est violer un dépôt qui doit toujours estre sacré et une pareille violation est en bonne morale un crime d'autant plus irrémissible qu'il est irrémédiable... Cependant on ne peut reprocher à Flore Kerouallan que de n'avoir pas pu prendre sur elle de divulguer un secret qui lui était confié par les dames Penvern ses bienfaitrices, secret dont la connaissance compromettait évidemment celles-ci. »

« La punir pour cette action serait transformer en crime ce que les hommes sages, les autorités les plus accréditées, même de nos jours, ont regardé à juste titre comme une vertu (2). »

Ces interrogatoires n'avaient rien appris au magistrat instructeur qu'il ne connût déjà. Mais le terrain était déblayé et désormais tout l'effort de l'instruction pouvait se concentrer sur les principaux inculpés, Videlo et les deux sœurs.

(1) Arch. dép., 37 U 3.

(2) Arch. dép., 37 U 3, Conclusions et Ordonnance relatives à Flore de Kerouallan.

IX

L'Instruction (*Suite*).

Interrogatoire de Videlo et des deux sœurs.

Bonne et Rose du Pérenno comparurent séparément devant Ruinet le 1er juin.

Les deux sœurs se défendirent adroitement et noblement, sans laisser échapper un mot qui put aggraver les charges qui pesaient sur Julien Videlo.

Elles avouèrent qu'elles avaient connu celui-ci lors de leur internement à Pontivy en 1793, qu'elles l'avaient revu depuis et même reçu à plusieurs reprises à Penvern depuis son entrée dans la chouannerie.

Si d'ailleurs elles lui avaient donné asile, c'est qu'elles connaissaient son intention de faire sa soumission et les démarches, apparemment infructueuses, qu'il avait tentées dans ce but.

Mais elles nièrent qu'il eût sa chambre au château ; il logeait simplement dans une chambre d'étranger et uniquement en qualité d'étranger. Ce qu'il y faisait, s'il y recevait des courriers ou payait la solde, elles l'ignoraient.

Le petit cheval isabelle trouvé à Penvern était bien à elles. Rose affirma qu'elle l'avait acheté 165 francs au recteur de Bubry, au mois de germinal précédent ; que depuis ce temps, il avait toujours été nourri dans ses écuries, ferré par le maréchal qui ferrait ses autres chevaux ; qu'elle l'avait prêté à plusieurs dames et demoiselles en visite à Penvern, et monté elle-même dans ses courses aux environs, « ce qui m'a donné pour lui, ajoutait-elle, une affection que je ne saurais dissimuler ».

On aurait voulu leur faire avouer que Videlo avait un surnom et que c'était *Tancrède ;* elles répondirent qu'elles l'appelaient d'ordinaire Videlo, et devant les étrangers, Julien.

Interrogées sur les raisons qui les avaient déterminées à aménager la cachette où avait été pris Julien Videlo, elles donnèrent des explications identiques : la crainte des voleurs qui avaient déjà opéré dans un village voisin et le désir de mettre en sûreté ce qu'elles avaient de plus précieux.

Mlle Bonne déclara en outre que c'était elle et elle seule qui avait instruit Videlo de l'existence de cette cachette et des moyens de s'en servir, que ce fut elle et elle seule qui lui passa, soit au moment où il s'y réfugia, soit pendant les cinq jours qui suivirent, les aliments dont il pouvait avoir besoin.

Quand le directeur du jury lui demanda pourquoi elle avait refusé d'indiquer sa retraite au général Villatte et au parquet de Pontivy, Mlle Rose fit la réponse suivante : « J'ai toujours tenu pour maxime qu'on doit, quand on le peut, prêter une main secourable aux malheureux, et je ne sçaurais m'accoutumer à l'idée que, lui ayant fourni l'hospitalité, je puisse violer ce devoir en le livrant ensuite aux mains de ceux qui le poursuivent.... »

« Il m'a toujours semblé, répondit à la même question l'aînée des deux sœurs, que l'humanité ne permet pas de sacrifier quelqu'un à qui on s'est porté à accorder un azile ; d'ailleurs, ce qui m'a déterminée à ne pas violer le secret que j'avais promis à Videlo, c'est que je connaissais par expérience sa probité, sa droiture, ses bons principes, d'avoir vu (*sic*) que depuis qu'il s'était entremêlé dans les affaires des chouans, tout vol, tout brigandage, tout assassinat avait entièrement cessé dans notre commune de Persquen et dans celles environnantes. Toutes ces raisons concoururent à me confirmer dans la résolution que j'avais prise de ne pas déceler sa retraite, ne croyant pas surtout qu'en cela je pouvais être soupçonnée d'être complice des rebelles. »

Le lendemain 22 juin était un dimanche. « Amené par la force armée », « libre et sans fers », Julien Videlo fut interrogé à son tour.

Relevons dans son interrogatoire les passages qui offrent le plus d'intérêt.

— « Depuis l'amnistie n'avez-vous pas continué à suivre le même parti [des chouans] ?

— « Depuis l'amnistie je n'eus d'autre objet en vue que de rester tranquille et de vivre tellement retiré que je me fusses trouvé à l'abri de toute recherche. J'avais si bien en vue ce projet, que personne n'aura à se plaindre que je l'aye le moindrement inquiété ; je défie même mon dénonciateur de prouver le contraire.

— « Pourquoi, au lieu de rester aussi tranquille, ne vous présentâtes-vous pas aux autorités civiles et militaires qui pouvaient vous faire jouir du bénéfice de l'amnistie ?

— « Je savais trop bien combien était grand le pouvoir des hommes qui, par leur persécution, me forcèrent à quitter le lieu de ma naissance et qui, longtemps avant mon départ, avaient juré ma perte, pour me livrer à eux.

— « C'est donc que par une fausse honte ou par une terreur panique vous préférâtes de continuer à suivre le parti chouan ?

— « Quelle qu'interprétation qu'on donne à ma conduite, je n'en ai pas moins déclaré mes vrais motifs.

— « Quelle était votre emploi parmi les chouans lors de la pacification ?

— « J'y ai resté si peu de temps que je n'avais aucun poste fixe. Et depuis on m'a donné huit hommes à conduire et à payer de l'argent que l'on m'envoyait pour en faire la distribution ; mais bien loin de laisser ces huit hommes commettre aucun excès, je les [en] ai toujours empêchés, et c'est pourquoi je puis invoquer le témoignage des communes de Malguenac, Guern, Melrand, Bieuzy, Bubry, Inguiniel, Persquen, Plouai, Inzinzac, Lesbin, Guidel, Plœmeur, Caudan, Arzano, qui étaient censées sous ma direction. » (A l'appui de cette affirmation, il devait invoquer en outre, avant de se retirer, le témoignage du citoyen Le Guével (1), du château de Kerrousseau, en Lesbin, près Pontscorff).

— « Pourquoi vous obstinâtes-vous à rester dans cette cache lorsque vous fûtes averti qu'on faisait toutes les dispositions nécessaires pour vous y découvrir et pour vous en arracher ?

— « C'est que je ne m'étais pas caché pour me faire prendre.

— « Quel nom vous donnait-on au château lorsqu'il s'y trouvait des étrangers ?

— « Je n'y ai point vu d'étranger à l'ordinaire. On m'appelait Julien.

— « Vous ne connaissez pas de dépôts d'armes, ni de munitions appartenant aux chouans ?

— « Non... et s'il y en avait de caché, on ne saurait mieux faire que d'interroger à cet égard mon dénonciateur qui depuis quatre ans n'a cessé de suivre les chouans.

— « Connaissiez-vous Achille ? Quel était son véritable nom et ses fonctions ?

(1) Probablement Le Guérel, avocat à Lorient.

— « Cet Achille se nommait Achille Biget, je le crois natif d'Angoulème, il avait le grade de chef de légion pour le pays situé sur la rive droite du Blavet.

« — N'avez-vous pas connaissance qu'il déposa quelques effets au château de Penvern.

— « Je me rappelle qu'à la reddition des armes, je passai à ce château avec Achille, mais j'ignore s'il y déposa quelques effets et en quoi ils consistent.

— « Il doit être prouvé que le trésor existait au bourg de Bubry dans une maison appartenant aux bonnes Sœurs établies dans ce lieu-là ?

— « Je n'ai connaissance d'aucun trésor ni à Bubry, ni ailleurs et tout l'argent que je connaissais m'a été pris.

— « Quels étaient les courriers qu'on vous dépêchait pour vous porter soit des paquets, soit l'argent dont vous aviez besoin ?

— « Je vous réponds que je vivais tellement isolé que ma correspondance était nulle. Quant à l'argent, je conviens en avoir reçu deux fois de M. Debare (1) qui se trouva à passer dans mon canton. Je conviens de plus avoir reçu quelques lettres des hommes que j'entretenais, mais qui étaient de si peu de conséquence que je ne les ai pas conservées.

— « Quels sont les noms des huit hommes que vous commandiez ?

— « Les voici : Philippe, Richard, Sans-Quartier, Le Crom, Auguste, Colas, Dagorne et La Bretagne. »

Il affirma qu'il ignorait l'existence de la cachette dissimulée derrière l'armoire à fond mobile de Penvern, que les armes et effets qu'elle renfermait n'étaient pas à lui. Il reconnut au contraire formellement les vêtements, papiers et objets divers qui avaient été trouvés dans sa cachette. Il convint que le cheval isabelle lui avait appartenu, mais ajouta qu'au moment de son arrestation il appartenait, non plus à lui, mais aux demoiselles du Pérenno qui l'avaient acheté à ses frères à qui il l'avait lui-même précédemment cédé.

Pour un homme de loi, Julien Videlo avait été bien mal inspiré. En avouant qu'il avait sous sa direction quatorze paroisses

(1) De son vrai nom Jean-François Le Peige, né à Concarneau, ancien avocat à Quimper, chef de la légion de Gourin.

situées entre Le Blavet et l'Ellé, qu'il avait des hommes sous ses ordres, qu'il correspondait avec eux, leur payait régulièrement leur solde et veillait à leur entretien, qu'il avait reçu, à cet effet, de l'argent de *Debar*, il donnait à ses ennemis des armes redoutables contre lui.

X

Arrêt dans la procédure. — Odieuses manœuvres.

Les interrogatoires étaient terminés ; les résultats en furent aussitôt communiqués au substitut du commissaire du gouvernement.

Victor-Marie-Bonaventure Guépin se demandait qu'elle procédure suivre à l'égard de Julien Videlo et des deux sœurs. L'ordre d'arrêter le chef chouan était parti du ministère de la Police générale au commencement du mois de janvier et il avait avec l'attentat de la *Machine infernale* une connexité certaine (1). Cette circonstance n'exigeait-elle pas que Videlo fût jugé par le même tribunal et dans les mêmes conditions que les auteurs de l'effroyable complot ? Guépin s'était posé cette question et, dès le 17 juin, il avait écrit au ministre Fouché « pour lui faire savoir que la procédure ordinaire serait suivie contre l'accusé » s'il n'exigeait pas sa translation à Paris pour cause de complicité dans le complot du 3 nivôse (2) ». Et il attendit la réponse jusqu'au 1er juillet.

Cet arrêt dans la procédure n'était pas sans alarmer Bernadotte, son état-major, la plupart des officiers et tous les partisans de la répression à outrance. Ils doutaient du zèle de Guépin et Ruinet dans une affaire qui mettait peut-être en jeu la tête d'un de leurs compatriotes. Ils craignaient qu'on ne fît traîner les choses en longueur pour soustraire le coupable aux rigueurs de la justice. Ce qu'ils voulaient, c'était faire traduire Videlo devant une commission militaire.

Sans doute ce n'était point facile. Les commissions militaires établies par le commandant de l'armée de l'ouest à la suite des colonnes d'éclaireurs chargées de parcourir les départements

(1) Voir plus haut.

(2) Arch. dép., 37 U 3, Conclusion du Substitut du Commis. du gouvernement.

du Morbihan, du Finistère et des Côtes-du-Nord, avaient pour mission de *juger sur-le-champ* les rebelles *pris les armes à la main* (1). Or d'après le procès-verbal de capture, qui seul faisait foi, on ne pouvait prétendre que Videlo eut été pris les armes à la main ; d'autre part, en ne le faisant pas juger sur-le-champ, le général Villatte avait lui-même reconnu implicitement qu'il n'était pas justiciable de la commission militaire. Ses ennemis n'en faisaient pas moins des efforts désespérés pour arriver à leurs fins. Ils s'ingéniaient à accumuler des charges contre lui. On répandait le bruit qu'il était plus coupable qu'on ne voulait le faire croire ; qu'il n'était pas seulement un chouan amateur, malgré son entrée tardive dans les rangs des rebelles ; que le 27 janvier 1800, il commandait une partie des bandes insurrectionnelles dans l'affaire de Quistinic « où des républicains furent dangereusement blessés et où des habitants des campagnes entraînés et séduits, furent victimes des scélérats qui les forcèrent à s'armer contre leur patrie », que c'étaient là « des assassinats véritables », dont il était évidemment responsable (2).

(1) Décret des Consuls du 18 floréal, 8 mai 1801, art. 2.

(2) Arch. dép., 37 U 3, Conclusion du Substitut du Commissaire du gouvernement.

Sur ce combat peu connu nous donnons ici un document probablement inédit emprunté à un fonds d'archives particulières. C'est une lettre de l'Administration municipale de Pontivy à l'Administration centrale du département ; elle est datée du 11 pluviôse an VIII, 31 janvier 1800.

« Melrand, Guern, Bieuzy toujours rebelles méritaient d'être châtiés. Le commandant [de la place de Pontivy], d'accord avec celui de Baud, a fait porter sur Bubry le 7 (27 janvier) une colonne commandée par l'intrépide Dugage, capitaine de grenadiers.

« En partant de Baud, la colonne s'est divisée en deux. Celle de tête, de laquelle était Dugage, a trouvé les Chouans près le château de la Villeneuve-Quistinic. Ceux-ci étaient au nombre de 2500, nos braves n'étaient que deux cents et quelques hommes. L'affaire a été terrible. Les Chouans, après quelques évolutions militaires assez bien exécutées, ont été enfoncé de toute part grâce à la vertu de la bayonnette républicaine. Bubry où était leur quartier-général a été occupé par nos troupes ; il a été impossible de préserver ce bourg du pillage.

« Nous avons perdu un homme. Cinq ont été blessés : un seul l'est grièvement Les Chouans ont perdu beaucoup de monde. Les paysans voisins de Pontivy, qui avaient été enlevés de force, ont profité de la déroute pour retourner dans leurs foyers.

« Le capitaine de grenadiers et ses grenadiers vous ont fait les plus grands éloges de notre compagnie franche dont cinquante hommes se trouvaient avec eux à Bubry. Ces petits b. (?), disent-ils, méritent tout de porter la grenade. Ils se battent comme des lions... »

Notons, avant d'aller plus loin, que vraisemblablement Julien Videlo n'avait pas assisté au combat de la Villeneuve-Quistinic. D'après ses déclarations acceptées par les divers magistrats qui l'interrogèrent, sans rectifications ni réserves, il s'était fait chouan huit jours seulement avant la pacification de Brune. Or la convention de Beauregard fut signée par Georges Cadoudal et Brune le 12 février, seize jours après le combat de la Villeneuve.

Mais il y avait autre chose. Des papiers compromettants avaient été saisis sur *Augustin*, Roger et *Joson*. Le général Roulland les avait transmis le 28 janvier au général Beyssac en le priant de les passer au préfet après en avoir lui-même pris connaissance (1). Ruinet avait en sa possession une copie authentique des lettres trouvées sur *Augustin* (2). Une d'entre elles surtout, dont nous avons parlé plus haut, paraissait constituer contre Videlo une charge sérieuse. Son signataire, *Muscadin* invitait *Augustin* de prévenir *Tancrède* d'avoir, en qualité de chef de légion à pourvoir au remplacement de Duval, tué quelques jours auparavant auprès de Locminé. Or *Tancrède*, disait-on, c'était le surnom de Julien Videlo ; peut-être même soupçonnait-on que *Muscadin* n'était autre que Georges Cadoudal.

Enfin, malgré le silence du procès-verbal de capture, on affirmait maintenant que Videlo avait été pris les armes à la main. Le 29 juin le général Villatte fit porter chez le substitut Guépin, dans un sac de toile cacheté, deux pistolets de poche de fabrication anglaise. Ces pistolets avaient été découverts, assurait-on, dans la cachette même de Videlo. Cette circonstance ne rendait-elle pas l'accusé justiciable de la commission militaire ?

Le substitut était très perplexe. « Où ces pistolets ont-ils été trouvés écrivait-il le jour même au directeur du jury ? Videlo en était-il armé ? Il me semblerait nécessaire, citoyen directeur, d'interpeller à cet égard Videlo et les dames de Penvern en leur représentant ces armes pour voir s'ils les reconnaissent et pour obtenir sur la découverte de ces pistolets des données certaines. »

Ruinet se fit amener immédiatement les trois accusés et procéda sur-le-champ à des suppléments d'interrogatoire.

(1) Arch. dép., M. 1, Lettre du général Roulland au général Beyssac, 5 pluviôse an IX.

(2) Arch. dép., 37 U 3. Dans ses conclusions le substitut du Commissaire du Gouvernement près le Tribunal criminel écrit *Muscady*.

Il commença par Julien Videlo, rompit devant lui les cachets apposés sur le sachet de toile, et lui présentant les deux pistolets : « Reconnaissez-vous, lui demanda-t-il les deux pistolets pour vous avoir appartenu ou être renfermés dans la cache où vous avez été saisi ? » — « Non, répondit l'accusé, je ne reconnais nullement ces armes pour m'avoir appartenus. J'ignore de même s'ils étaient dans quelques coins de l'endroit où j'ai été saisi, et je n'ai pas plus connaisance s'ils ont été trouvés dans cette cache ou ailleurs. » — « Fûtes-vous instruit au château de Penvern, avant votre départ et depuis la conclusion du procès-verbal de votre arrestation, que ces pistolets avaient échappé aux premières recherches faites dans le lieu de votre retraite et y avaient été trouvés ensuite par des recherches plus exactes ? » — « Je ne me rappelle rien de tout cela. Et je ne saurais croire à cette découverte tardive, ignorant moi-même que ces pistolets fussent dans la cache (1). »

Les dames de Penvern ne furent pas moins catégoriques. Elles ne reconnaissaient certes pas ces pistolets qui n'étaient ni à elles ni à personne de leur maison ; elles n'avaient jamais vu de pareilles armes, elles n'avaient même jamais vu aucune arme dans les mains de Videlo. Elles n'avaient entendu parler de rien de semblable au château lors de leur arrestation ; c'était Ruinet lui-même qui leur apprenait la chose. Bonne enfin conclut en disant qu'elle avait tout lieu d'être étonnée « de cette prétendue découverte dont on lui parlait pour la première fois (2) ».

Avant de congédier chacun des trois accusés Ruinet leur demanda s'ils maintenaient les réponses qu'ils lui avaient faites le 21 ou le 22 juin.

Bonne du Pérenno s'en tint purement et simplement à son premier interrogatoire (3).

Sa sœur et Julien Videlo s'efforcèrent de faire valoir des circonstances atténuantes.

Celui-ci rappela les démarches qu'il avait faites « auprès du Préfet pour rentrer, lesquelles démarches » étaient « demeurées sans succès faute de réponse (4) ». Celle-là fit remarquer qu'elle

(1) Arch. dép., 37 U 3, Supplément d'interrogatoire de Julien Videlo.

(2) Arch. dép., 34 U 14, Supplément d'interrogatoire de Bonne et de Rose du Pérenno.

(3) Arch. dép., 34 U 14, Supplément d'interrogatoire de Bonne du Pérenno.

(4) Arch. dép., 37 U 3, Supplément d'interrogatoire de Julien Videlo.

n'était « pas chez elle au château de Penvern, mais bien chez sa sœur, et qu'ayant sçu qu'elle (sa sœur) avait donné retraite à Videlo dans le lieu où il avait été saisi, elle n'avait pas cru devoir révéler le secret qui lui èn avait été donné par les motifs développés dans son premier interrogatoire, parce qu'elle savait que Videlo avait fait des démarches pour être autorisé à rentrer et qu'il en attendait la réponse (1). »

XI

Renvoi devant le Tribunal spécial.

La question des pistolets était posée. Les ennemis de Videlo entendaient bien ne pas la laisser tomber. Cependant on arrivait au 30 juin ; il y avait quinze jours que les prisonniers étaient sous les verrous ; Paris ne réclamait pas Videlo. On ne pouvait suspendre le cours de la justice. Dès le lendemain le substitut, qui pendant ce temps avait consulté son chef hiérarchique (2), se décida à prendre ses conclusions.

Il ne crut pas pouvoir réclamer la comparution des accusés devant une commission militaire. « Nous ne pensons pas, disait-il que la découverte qui a dû se faire d'une paire de pitolets dans la cache de Videlo postérieurement à son arrestation, découverte qui n'a pas été constatée et qui n'a pas pu l'être, puisqu'elle s'est faite hors notre présence, puisque les pistolets ne nous ont été remis que le 10 du présent mois (29 juin), puisse ajouter quelque chose d'aggravant au crime dont il s'est souillé et motiver son renvoi devant la commission militaire. Celle-ci établie par l'arrêté des consuls du 18 floréal dernier (8 mai 1801), ne peut juger que les hommes armés ; elle forme un tribunal d'exception et dès lors ne peut dépasser la compétence qui lui a été clairement attribuée par l'arrêté qui la constitue. Or, en supposant la découverte des pistolets réelle, et elle n'est pas constatée, il est toujours vrai qu'avoir des armes cachées, ce n'est pas avoir les armes à la main, ce n'est même pas avoir l'intention manifeste et prochaine de vouloir s'en servir. »

Après avoir ainsi écarté la juridiction de la commision mili-

(1) Arch. dép., 31 U 14, Supplément d'interrogatoire de Rose du Pérenno.
(2) Arch. dép. 34 U 14, Extrait du jugement du Tribunal spécial.

laire, invoquant des considérants, multiples, Guépin requérait le renvoi de trois accusés devant le Tribunal spécial séant à Vannes (1).

Le surlendemain, dimanche 2 juillet, une ordonnance du directeur du jury faisait droit aux conclusions du substitut et prononçait le renvoi demandé. Nous la reproduisons en grande partie : elle a le mérite de mettre en lumière les charges qui, à ce moment de la procédure pèsent sur les trois inculpés (2).

« Vu, etc...

« Le tout mûrement examiné.

« Considérant que Videlo, ayant négligé d'user de la faculté que lui donnait de rentrer dans le sein de sa patrie, l'amnistie accordée le 15 thermidor an VIII (3 août 1800) aux rebelles de l'intérieur parmi lesquels il s'était de son propre mouvement enrôlé, environ une huitaine de jours avant leur reddition, — il n'est point admis à réclamer la faveur de cette amnistie dont l'essentiel est de n'être applicable qu'à ceux qui en ont profité en se rendant volontairement, — considérant de plus que des bruits populaires ont inculpé Videlo de s'être trouvé en personne sous les drapeaux des chouans à l'affaire de Quistinic où des républicains furent blessés ;

« Considérant que s'il est prouvé dans la suite que Videlo ait réellement porté parmi les rebelles le nom de *Tancrède*, il se trouverait désigné sous ce nom comme chef de légion dans une lettre de *Muscadi* (*sic*) à Dancourt, pièce à la vérité du fait d'autrui, mais qui, si elle ne fait pas preuve entière, établit du moins contre Videlo le soupçon d'avoir occupé chez les rebelles un poste supérieur à l'emploi subalterne qu'il s'est attribué parmi eux dans ses interrogatoires ;

« Considérant que, de l'aveu de Videlo lui-même, il résulte que sur les fonds dont il a été trouvé saisi, il était par ses chefs chargé de faire et faisait en effet le prêt à huit chouans qu'il a désignés ;

« Considérant cependant que Videlo était sans armes lorsqu'il fut saisi et qu'il n'en a été trouvé aucune sur lui ni dans sa cachette lors de l'inventaire qui fut rapporté incontinent de tous

(1) Arch. dép., 37 U 3, Conclusions du Substitut du commissaire du Gouvernement.

(2) Arch. dép., 37 U 3.

les effets trouvés dans ses poches et dans cette cache par nous en présence et concurremment avec les officiers de la force armée.

« Considérant, par rapport aux demoiselles Bonne-Françoise-Marguerite et Thérèse-Joseph du Pérenno Penvern, que le refuge accordé par elles à Videlo saisi dans leur maison avec sa garde-robe, la découverte faite dans la même maison de plusieurs caches propres à receler des hommes ou des effets et celle de l'équipement entier d'un rebelle qu'elles ont dit se nommer Achille, sont des moiens plus que suffisants pour établir contre elles l'inculpation d'intelligence avec les rebelles et de complicité avec le dit Videlo ;

« Par toutes ces considérations et en vertu de l'article 3 de la loi du 30 prairial an 3, des articles 612, 613 et 614 du Codes de délits et des peines et des articles 11 et 30 de la loi du 18 pluviôse an 9 (10 février 1801), tous les dits articles ainsi conçus :

« Art. 3 de la loi du 3 prairial an 3. — Les chefs, commandans « et capitaines, les embaucheurs et instigateurs de rassemble-« mens armés sans l'autorisation des autorités constituées, soit « sous le nom de chouans ou sous telle autre dénomination se-« ront punis de la peine de mort. »

« Art. 612 du Code des délits et des peines. — Toutes conspi-« rations et complots tendant à troubler la République par une « guerre civile, en armant les citoyens les uns contre les autres « ou contre l'exercice de l'autorité légitime seront punis de mort « tant que cette peine subsistera, et de 24 années de fers quand « elle sera abolie. »

« Article 613 d'*idem*. — Seront punis de même tout enrôle-« ment de soldats, levée de troupes, amas d'armes et de muni-« tions pour exécuter les complots et machinations mentionnés « à l'article précédent. »

« Art. 614 d'*idem*. — Toutes pratiques et intelligences avec « les révoltés de la nature de celles mentionnées dans les deux « articles précédents seront punis conformément à l'art. 612. »

« Art. 11 de la loi du 18 pluviôse an 9. — Il connaîtra égale-« ment (le Tribunal spécial) contre toutes personnes, mais exclu-« sivement à tous autres juges, du crime... d'embauchage et de « machinations pratiquées hors l'armée et par des individus non « militaires, pour corrompre ou suborner des gens de guerre, « les réquisitionnaires et conscrits. »

« Art. 30 d'*idem*. — A compter du jour de la publication de la « présente loi, tous les détenus pour crimes de la nature de ceux « mentionnés dans le titre 2, seront jugés par le Tribunal spé- « cial. En conséquence il est enjoint à tous juges de les y ren- « voïer avec les pièces, actes et procédures déjà commencées, et « néanmoins en cas de condamnation, on n'appliquera aux « crimes antérieurs à la présente loi que les peines portées contre « ces délits par le Code pénal. »

« Nous, directeur du juré susdit, faisant droit sur les conclusions par écrit du substitut du commissaire du Gouvernement près le tribunal criminel du département du Morbihan pour l'arrondissement de Pontivy, du 11 de ce mois (30 juin), y ayant égard et attendu ce qui résulte des lois ci-devant transcrites.

« Ordonnons qu'en exécution des dittes lois, Julien-Marie-Cyrille Videlo, Bonne-Françoise-Marguerite et Thérèse-Joseph du Pérenno-Penvern soient incessamment traduits au tribunal spécial séant à Vannes et qu'ils y seront transférés avec toutes pièces mentionnées au vu de la présente et même la paire de pistolets de poche remise le 10 messidor présent mois ; ensemble tous les vêtements et effets dont mention en notre procès-verbal du 26 prairial dernier, et que toutes les dittes pièces armes et effets soient déposés de suite au greffe du même tribunal pour faire partie du procès des dits prévenus. »

Le lendemain 3 juillet, à la requête du substitut, le renvoi devant le tribunal spécial fut signifié à chacun des intéressés par le gendarme Labbé qui leur délivra copie de l'ordonnance du directeur du jury (1).

Guépin et Ruinet n'étaient point dupes, notons-le en passant, des basses intrigues du parti militaire. Pour eux il était clair que Videlo n'avait pas été arrêté les armes à la main, et leurs considérants prouvent qu'ils n'entendaient nullement se faire les complices des manœuvres honteuses par lesquelles ses ennemis s'efforçaient d'assurer sa perte.

Il est vrai que les articles de loi dont on requérait l'application ne parlaient guère que de la peine de mort ; mais il n'était nullement prouvé que Julien Videlo et surtout les

(1) Arch. dép., 37 U 3, attestation du gendarme Labbé au bas de l'Ordonnance de renvoi.

dames de Penvern se fussent rendus coupables des délits dont ils devaient assurer la répression. C'était déjà un gain pour les accusés d'éviter la commission militaire en dépit des manœuvres employées par leurs pires ennemis. A tort ou à raison, le tribunal spécial passait pour indulgent et pour aimer mieux acquitter que condamner.

Le 4 juillet les prisonniers furent transférés à Vannes ; le détachement qui les escortait était commandé par le lieutenant de gendarmerie Dhennin que nous avons déjà rencontré au château de Penvern. Ils furent écroués à la Porte-Prison dont les deux tours servaient depuis près de six ans de maison de justice du tribunal criminel. En même temps Dhennin déposait au greffe du tribunal spécial le dossier de l'affaire et les pièces à conviction détaillées dans l'inventaire (1).

XII

Le Tribunal spécial.

Les tribunaux spéciaux étaient de formation récente. La loi qui les avait créés, proposée par le gouvernement le 7 janvier 1801, communiquée au Tribunat le lendemain, avait été votée par le Corps législatif le 7 février et promulguée immédiatement par le Premier Consul.

Leur compétence, fixée par le Titre III, s'étendait à un certain nombre de crimes ou délits qui, en temps ordinaire, ressortissaient au tribunal criminel ou même au tribunal correctionnel : méfaits des vagabonds, gens sans aveu et prisonniers évadés, vols sur les grandes routes, vols avec effraction commis dans les campagnes, assassinats prémédités,.. etc. Ils devaient connaître également, « contre toute personne, mais exclusivement à tous autres juges, du crime d'incendie et de fausse monnaie, des assassinats préparés par des attroupements armés, des menaces, excès et voies de fait contre les acquéreurs de biens nationaux à raison de leur acquisition, du crime d'embauchage et de machination pratiquées hors l'armée et par des individus non militaires, pour corrompre et suborner les gens de guerre, les réquisitionnaires et conscrits » ; enfin « des rassemblements séditieux contre

(1) Arch. dép., 39 U 2.

les personnes surprises en flagrant délit dans lesdits rassemblements ».

Le 23 du même mois, un arrêté de Bonaparte désignait les départements qui en seraient pourvus ; il y en avait vingt-sept : c'étaient les plus troublés, et le Morbihan en était comme la plupart des départements de l'Ouest. Ils devaient entrer en fonctions le 23 mars.

En réalité le tribunal spécial du Morbihan ne commença à fonctionner que le 8 mai 1801. La nomination des juges qui le composaient eut lieu seulement le 19 avril. De plus, faute de local, il dut emprunter les bâtiments même du tribunal criminel (1). Depuis le milieu de février 1796, celui-ci siégeait à l'ancienne Retraite des femmes, qui était située tout près de l'église Saint-Salomon, et séparée du Petit-Couvent par le chemin de Trussac. « La ci-devant chapelle, écrivait l'ingénieur en chef Pichot aux administrateurs du département, a été choisie pour les séances publiques ; les petits parloirs à gauche, pour chambres des jurés... ; la chambre ci-devant de la communauté, pour chambre du conseil des juges ; et, pour greffe, trois chambres au premier étage (2). »

Le président et les deux juges du tribunal criminel étaient de droit président et juges du tribunal spécial ; mais on leur adjoignait cinq autres juges : trois officiers, ayant au moins le grade de capitaine, et deux civils. Enfin le commissaire du gouvernement et le greffier près le tribunal criminel remplissaient les mêmes fonctions près le tribunal spécial (3).

En conséquence, le tribunal spécial du Morbihan était composé comme suit : président, François-Marie Perret, président du tribunal criminel ; juges : Jean-Baptiste Nayl-Villeaubry et Le Menez-Kerdelleau, juges au tribunal criminel, Le Blanc, adjudant-commandant, Coroller, chef d'escadron de gendarmerie, Pourot, capitaine de vétérans, Claret et Busson, ex-juges ; commissaire du gouvernement : Lucas-Bourgerel fils (4) ; greffier, Taslé (5).

(1) Arch. dép., 39 U 1, procès-verbal d'installation.

(2) Cité par le P. Léon Bertaudeau, *Pierre-René Rogue*, p. 125.

(3) Loi du 8 pluviôse an IX, t. 1, art. 2 et 3.

(4) Ancien avocat et chef de la milice bourgeoise, homme politique passant tour à tour de l'administration au prétoire, député au Conseil des Cinq Cents jusqu'au 18 brumaire (Saobert).

(5) Arch. dép., 39 U 1, procès-verbal d'installation.

Et il ne faut pas oublier que cinq juges sur huit sont nommés par le pouvoir pour accomplir une œuvre bien déterminée : assurer la répression prompte et sévère de certains crimes ou délits pour lesquels le jury se montre indulgent et qu'il n'est pas possible de porter devant une commission militaire ; que sur le nombre et il y a trois officiers, surveillés, stimulés par leurs généraux, par tout le parti militaire, par le sinistre Bernadotte, aujourd'hui jacobin attardé, roi demain et fondateur de dynastie, las eux-mêmes de la guerre chouanne et disposés à se montrer impitoyables pour les chouans.

Voyons-les à l'œuvre.

Le 5 juillet, le président Perret commit Busson à l'instruction de l'affaire.

Dès le lendemain, les dames de Penvern furent conduites par la force armée de la Porte-Prison en la chambre du conseil du tribunal criminel. Elles avaient à traverser presque toute la ville en cet équipage ; mais ce n'était pas à elles qu'on en voulait et il est à croire qu'on les exposa le moins possible à la curiosité publique.

Les deux sœurs comparurent l'une après l'autre devant le magistrat instructeur qui, assisté du commis-greffier Brenugat, leur fit subir un interrogatoire.

Elles maintinrent énergiquement les déclarations qu'elles avaient faites devant le directeur du jury de Pontivy.

Videlo ne couchait pas dans la cachette où il avait été découvert, mais dans une chambre d'étranger ; que si ses effets s'y trouvèrent rassemblés dès le 10 juin, malgré l'arrivée inopinée de la troupe, c'est que, à chacune de ses visites, il en laissait une partie au château et que Bonne du Pérenno avait elle-même pris soin de les mettre dans la cachette dès que celle-ci eut été terminée.

Elles n'avaient d'ailleurs donné asile à Videlo que parce qu'elles le savaient disposé à faire sa soumission et qu'elles le croyaient incapable de tout acte de violence ; elles ne l'avaient jamais vu venir chez elles à cheval ou en armes ; le cheval *isabelle* était bien à elles ; les armes et les effets trouvés derrière l'armoire à fond mobile appartenaient à Achille Biget, qui passa à Penvern, avec Videlo lui-même, quelques jours avant ou après la pacification du 12 février 1800. Elles n'avaient jamais vu *La Bretagne* avant le 15 juin.

Si Videlo avait porté un surnom, elles n'en avaient jamais rien su; elles avaient bien entendu parler d'un chef de chouans connu sous le nom de *Tancrède*, mais il commandait dans la région de Gourin, Le Faouët et Rostrenen.

Les dames de Penvern s'étaient rendu compte, par la lecture de l'ordonnance de renvoi, du danger que courrait Julien Videlo le jour où il serait identifié avec le *Tancrède* dont il était question dans la lettre du *Muscadin* à Dancourt. Et elles s'efforçaient de le conjurer.

En somme, les deux sœurs continuaient à défendre leur cause et celle de Julien Videlo lui-même avec autant d'habileté que de courage.

Rose craignit pourtant d'avoir commis une imprudence en déclarant, au commencement de son interrogatoire, qu'elle avait vu Julien Videlo passer dans l'avenue de Penvern avec une bande d'environ 400 chouans, quelques jours avant la pacification de Brune. Avant de se retirer, elle revint sur ses paroles et dit qu'elle s'était probablement trompée et que Julien Videlo ne faisait pas partie de la bande.

Le mardi 9 juillet, ce fut le tour de Julien Videlo. L'interrogatoire fut très long; commencé dans la matinée, vers dix heures, il fut interrompu à midi, repris à trois heures et ne se termina que vers six heures du soir.

L'accusé expliqua comme il put la provenance des doubles louis et des guinées anglaises trouvées dans sa cachette et distribués à la troupe par ordre du général Bernadotte. Les guinées anglaises abondaient dans le pays, surtout dans les villes commerçantes; de plus, avant de quitter Pontivy, il avait fait un règlement de compte avec sa sœur pour fait de commerce.

Il fut peut-être plus heureux encore quand il donna les raisons de sa conduite durant les dix-huit derniers mois. Ce qui l'avait déterminé à se faire chouan, c'étaient les insultes qu'on lui lançait à la face, jusque dans la rue, et les mauvais traitements dont il avait été victime; à deux reprises il avait été incarcéré pour des motifs des plus futiles: la première fois, pour s'être fait remplacer dans le service de la garde nationale, la seconde, pour avoir fait remarquer que, d'après un arrêté du directoire, la colonne mobile rentrée dans ses foyers devait faire partie intégrante de la garde nationale. S'il n'avait pas remis ses armes en même temps que les autres chouans, c'était pour la bonne raison qu'il n'avait pas d'armes. Il n'avait jamais rien su de la cachette dissimulée derrière l'armoire à fond mobile, ni du fusil à deux coups, ni du pistolet d'arçon qu'elle contenait. Il reconnut comme siens la plupart des objets trouvés dans sa cachette, même la poire à poudre et le sac à balles, mais non la fameuse paire de pistolets de poche jointe aux pièces à conviction treize jours après son arrestation.

S'il avait renoncé à rentrer à Pontivy, c'est qu'il redoutait les persécutions de ceux dont les vexations l'avaient déjà forcé à en sortir pour entrer dans le parti des chouans. Il déclara qu'il ne connaissait aucun dépôt d'armes : il n'y avait qu'à interroger *La Bretagne*.

Il affirma qu'il n'avait jamais commandé aucune expédition à ses hommes ; qu'il ne les avait même jamais vus réunis : qu'il ne s'était jamais servi des domestiques de Penvern pour faire ses commissions ; il avait, il est vrai un domestique à lui : c'était *Philippe*.

Il reconnut sans difficulté comme étant de lui les papiers trouvés dans sa cachette, sauf toutefois une note dont nous ignorons la teneur, mais qui paraît sans importance et la chanson royaliste : « *O vous, généreuses victimes !...* » : Ces deux pièces n'étaient ni de son écriture ni de sa composition.

Malheureusement, presque au début de son interrogatoire, Videlo avait fait un aveu des plus compromettants.

Busson lui ayant demandé s'il n'était pas désigné parmi les chouans sous un autre nom que celui de Videlo, il répondit « qu'avant la remise des armes, il portait le nom de *Tancrède*, mais que depuis il était plus particulièrement connu sous le nom de Julien ». C'était s'identifier lui-même avec *Tancrède*. Or le dossier de l'accusé venait de s'enrichir des papiers saisis sur Dancourt, sur Pierre Roger, sur *Joson* ; et il était aisé d'y trouver la preuve que *Tancrède* était un important chef de chouans.

La première de ces pièces, datée du 14 décembre 1800, n'était autre que la lettre adressée par le *Muscadin* à Dancourt et dont nous avons parlé plus d'une fois. *Tancrède* y était désigné deux fois comme chef de légion. Dancourt devait l'inviter à s'occuper de la question du mariage des jeunes gens et à pourvoir au remplacement de Duval. Elle se terminait par un post-scriptum dont il était facile de tirer un argument contre Julien Videlo : « Mes respects aux deux sœurs. Rappelez-moi au souvenir de M. *Tancrède* (1). »

Une autre était adressée par Dancourt à *Joson*, son lieutenant dans le pays de Lorient. Après avoir reproché vivement à son subordonné de n'avoir pas mis à exécution, malgré ses ordres formels, un projet d'enlèvement de diligence transportant des fonds du Trésor, il lui disait, entre autres choses, de presser l'organisation de son canton et il ajoutait : « M. *Tancrède* vous donnera des éclaircissements selon un état qu'il vous montrera (2) ».

Trois autres étaient signées *Tancrède* ; elles étaient adressées à *Joson ;* deux d'entre elles étaient du mois de décembre 1800 (3) ; la troisième n'est pas datée, mais elle paraît avoir été écrite à la même époque, et c'est la seule dont nous connaissions le texte (4). Mais dans toutes *Tancrède* se révélait à n'en pas douter comme un chef considérable, comme le premier après *Augustin* dans la légion de Melrand.

Julien Videlo eut beau ne pas reconnaître ces pièces, non plus que quelques autres de même provenance mais de moindre importance ; il eut beau prétendre qu'elles ne le concernaient pas ou qu'elles n'étaient pas de son écriture — ce qui était difficile à soutenir —, qu'il ne portait plus le nom de *Tancrède* à l'époque

(1) Arch. dép., 37 U 3. Voici le texte de cette lettre : « 14 décembre 1800. — Mon cher *Augustin*, — Je n'ai pas pu lire le nom de l'officier que vous avez demandé pour remplacer le malheureux Duval. En attendant que vous puissiez en recevoir un, ne négligez rien pour mettre un bon second dans cet intéressant canton. Prévenez M. *Tancrède* de mettre tout en œuvre pour cet effet.

« Vous trouverez ci-incluse une circulaire pour la deffense des mariages ; après que M. *Tancrède* en aura pris copie pour la faire circuler dans sa légion, vous ferez passer l'original à M. *Renaud*.

« Surveillez bien le canton de la Lorient ; faites votre possible pour tirer parti des ecclésiastiques qui y sont, ou du moins empêchez-les de nuire.

Salut et amitié.

LE MUSCADIN.

« Mes respects aux deux sœurs.

« Rappelez-moi au souvenir de M. *Tancrède*. »

(2) Arch. dép., 37 U 3. Cette pièce se trouve dans le dossier de Videlo.

(3) Arch. dép., 37 U 3. Interrogatoire de Videlo n° 2.

(4) Arch. dép., 37 U 3. « Mon cher *Joson*, — je vous envoie 25 guinées, vous les changerés à Lorient, vous gárderez 150 ₶ et vous me ferez passer de suite le restant. Je n'ai pas eu de nouvelles de votre expédition. Je compte vous voir dans quinze jours, vous compterez la solde pour le mois pour ceux de ce pays-ci. — Préparons-nous, nommez de suite les capitaines de paroisses. — Tout à vous de cœur et d'affection. — *Tancrède*. »

où elles avaient été écrites. Ces documents, joints à ses aveux du 22 juin (1), qu'il renouvela d'ailleurs devant Busson, et aux déclarations de *La Bretagne*, ne devaient guère laisser de place au doute dans l'esprit des juges.

XIII

Les ennemis et les amis.

Les trois accusés prirent pour avocat René Jolivet, l'homme de loi le plus en vue de Vannes à cette époque. En ce qui concernait Videlo, sa tâche s'annonçait singulièrement difficile. Il faut en chercher la raison moins dans la culpabilité réelle de l'accusé que dans la haine implacable de ses ennemis. Ils s'agitaient plus que jamais pour faire croire qu'il avait été pris les armes à la main. Ils voulaient à tout prix arracher au tribunal spécial un jugement d'incompétence et faire renvoyer l'affaire devant une commission militaire.

Entre le 16 et le 10 juillet, le citoyen Motte, huissier près le tribunal spécial, citait à comparaître devant le magistrat instructeur (2) les témoins dont les noms suivent : Alexis-Joseph Dhennin, lieutenant de gendarmerie à Pontivy ; Pinel, sous-lieutenant à la 82e demi-brigade, en garnison à Saint-Servan ; François Liautey, caporal des carabiniers à la 30e légère, en garnison à Pontivy et Jean Vergniol, carabinier à la même demi-brigade, en détachement à Locminé. Pinel fut longtemps introuvable. Le commissaire du gouvernement près le tribunal spécial demanda des renseignements au citoyen Philaut, juge de paix à Saint-Servan. Celui-ci répondit qu'il n'y avait pas de Pinel dans le corps des grenadiers en garnison dans cette ville ; il y avait bien un Juhel, mais, à cette date, il était détaché à Fougères (3). Enfin, le 27 juillet, après en avoir conféré avec Dhennin, le substitut Guépin écrivait de Pontivy à son chef hiérarchique qu'il s'agissait non d'un Pinel, mais d'un Jumel, sous-lieutenant à la deuxième compagnie de la 82e demi-brigade, à Saint-Servan (4). Il faut convenir que l'intrigue était par trop gros-

(1) Voir plus haut.
(2) Arch. dép., 37 U 3.
(3) Arch. dép., 37 U 3
(4) Arch. dép., 37 U 3.

gière ; les fils blancs paraissent de toutes parts : on ignore jusqu'au nom du principal témoin.

Bref, Jumel ne put faire sa déposition en temps utile devant le magistrat instructeur du tribunal spécial. Nous le retrouverons plus tard.

Dhennin fut entendu le 20 juillet. Le 16 juin au matin, il se trouvait, déclara-t-il, « dans la chambre du général Villatte, au château de Penvern, lorsque le citoyen Pinel (*sic*), sous-lieutenant de la 82e demi-brigade, vint apporter les deux pistolets avec bayonettes anglaises appartenants au dit Videlot ; que le citoyen Pinel déclara au général qu'il venait, en présence et sur l'indication de Videlot de les saisir dans sa cache ; que le citoyen Guespin, substitut du commissaire du gouvernement, se trouvant en ce moment dans l'appartement du général Villat, dit qu'il était inutile de parler de ces pistolets, qu'il y avait assez d'autres faits contre Videlo et que d'ailleurs le procès-verbal était clos ; ajoute le dit citoyen Dhennin qu'il a sçu depuis que deux carabiniers de la 30e légère avaient accompagné le citoyen Pinel et Videlot dans la cache pour la saisie de ces pistolets et que les deux carabiniers se nomment savoir : l'un Verniol, de la 1re compagnie actuellement en garnison à Locminé, et l'autre Lioté, caporal de la même compagnie (1). »

Le surlendemain 22 juillet le carabinier Jean Vergniol racontait de son côté que, le 16 juillet au château de Penvern, « il fut commandé par le citoyen Pinel (*sic*), officier de la 82e demi-brigade, d'escorter, luy et un autre de ses camarades, Videlo, dans la cache où il avait été pris la veille et que là, en présence du dit Videlo, et sur sa désignation, il tira d'un trou pratiqué dans cette cache les deux pistolets de Videlo, garni chacun d'une petite bayonette, lesquels pistolets lui interrogé remit à l'instant au citoyen Pinel et que ceux que nous lui avons représentés — c'est Busson qui parle — sont les mêmes que ceux tirés par luy de la cache de Videlo (2). »

Le caporal François Liautey comparut seulement le 27 juillet. Il déclara « avoir entendu un officier de la 82e, dans la route en retournant du château de Penvern à Pontivy, dire qu'il avait

(1) Arch. dép., 37 U 3. Dhennin ajoutait que Liautey était à ce moment à l'hôpital de Rennes ; en tout cas, au moment de sa déposition, le 28 juillet, il était en garnison à Pontivy.

(2) Arch. dép., 37 U 3.

saisi, dans la cache de Videlo, deux pistolets ayant chacun une bayonnette au bout, déclare également l'avoir entendu dire avant le départ de la troupe du château de Penvern (1). »

Enfin, le 20 juillet, Busson avait interrogé très longuement *La Bretagne* détenu lui-même en ce moment à la maison de justice de Vannes avec le maire de Gestel, François Duliscouët, dit *Kernabat*, et Maurice Rio, de Keroch en Quéven, accusés, comme on sait, de complicité ; et au cours de l'interrogatoire, il lui avait mis sous les yeux le fusil saisi derrière l'armoire à fond mobile et la paire de pistolets de poche. Ces armes, déclara *La Bretagne*, appartiennent à Videlo ; il les portait toutes les fois qu'il sortait ; les pistolets sont venus de Lorient ; c'est moi-même qui suis allé les prendre chez Maurice Rio et qui les lui ai remis, chez ses frères, à Bubry, il y aura un an vers le mois de septembre (2).

Avoir des armes cachées dans l'endroit où l'on est pris, ce n'est pas être pris les armes à la main. Guépin, dans ses conclusions et Ruinet, dans son ordonnance de renvoi, l'avaient loyalement reconnu, et il ne pouvait faire autrement sans jongler avec les mots. De plus les dépositions que nous venons de rapporter étaient suspectes à bon droit. Julien Videlo ne pouvait donc être justiciable d'une commission militaire instituée uniquement — nous le répétons — pour *juger sur-le-champ les rebelles pris les armes à la main*. Mais pour ses ennemis, il devait l'être, il fallait à tout prix qu'il le fût. Le 24 juillet se passait à Pontivy une scène pénible qui jette un triste jour sur cette ténébreuse affaire.

Le recteur et le vicaire de Bubry passaient — nous l'avons dit plus haut — pour les plus fermes adversaires de la soumission à la République consulaire ; on rendait surtout le « grand vicaire » responsable de la résistance obstinée du clergé dans toute une partie du département. *La Bretagne* avait plusieurs fois prononcé leurs noms dans ses divers interrogatoires, et s'il n'avait apporté aucune charge sérieuse contre Louis, en revanche, il accusait nettement Benjamin d'avoir été et d'être encore le caissier des chouans.

Un mandat d'arrêt avait été lancé contre eux par le commissaire du gouvernement près le tribunal criminel. On n'avait pu mettre la main sur le recteur, mais le vicaire avait été arrêté,

(1) Arch. dép., 37 U 3.
(2) Arch. dép., 39 U, Procédures du tribunal spécial, 48-68.

dans le jardin du presbytère de Bubry, le 20 juillet, et conduit le même jour à la maison d'arrêt de Pontivy (1).

Or, le 24, deux généraux, Villatte et Bernadotte, croyons-nous (2), se firent conduire par la femme du concierge de la prison dans la chambre qu'il occupait. Que se passa-t-il alors ? Nous ne le savons pas au juste. Il est certain toutefois que les deux officiers parlèrent sur un ton d'insolente menace, et déclarèrent au prisonnier que son affaire serait réglée dans les vingt-quatre heures ; *qu'il n'avait pas à compter sur le tribunal spécial, dont « tous les jugements d'absolution avaient été cassés, qu'enfin il comparaîtrait avec son frère, le chouan, devant la commission militaire siégeant à Vannes* (3) ».

Pendant que, au dehors, se menait cette campagne contre Julien Videlo, les prisonniers attendaient, dans la maison de justice, que le tribunal spécial statuât sur leur sort. Les deux tours de la Porte-Prison étaient à ce moment fort délabrées ; les pièces affectées au logement des prisonniers étaient incommodes et insalubres. Julien Videlo, à qui on ne manqua sans doute pas d'interdire toute communication avec ses complices, était l'objet d'une rigoureuse surveillance. Les dames de Penvern étaient mieux traitées à ce qu'il semble. Elles recevaient assez librement dans leur prison. Sans doute leur demoiselle de compagnie, Flore de Kerouallan, était retenue à Penvern où elle devait les remplacer dans la direction de la maison ; mais une autre au moins de leurs amies, Marie-Anne de Forsans (4), vint se fixer à Vannes pendant le temps de leur détention. Elle habitait chez les demoiselles Bonamy, rue Saint-Salomon. C'est par son intermédiaire que les fidèles restés au loin communiquaient avec les deux prisonnières et que leur directeur de conscience,

(1) V. *Les Prêtres de Bubry*, p. 192 et suivantes.

(2) Au dire de la femme du concierge de la prison, l'un des deux généraux devait être le commandant de l'arrondissement et donc Villatte. D'autre part, Bernadotte, à cette époque, est signalé à plusieurs reprises comme résidant à Pontivy.

(3) V. *Les Prêtres de Bubry*, p. 211 et ss. A la suite de cette entrevue, Louis Videlo essaya, sans succès, de s'évader de sa prison.

(4) Parmi les objets découverts à Penvern derrière l'armoire à fond mobile se trouvait « une boëte de carton peinte, contenant un portefeuille et des papiers recouverts d'une bande portant l'adresse qui suit : *A Marie-Anne*. Je charge la conscience de quiconque l'ouvrira (Arch. dép., 37 U 3. Procès-verbal de transport à Penvern).

Marie-Anne n'était autre que Mlle Marie-Anne de Forsans (Arch. dép., 37 U 3, interrogatoire de Bonne Coupé).

qui n'était autre que le vicaire même de Bubry, Louis Videlo, leur continuait de loin le secours de son ministère. Justement, au moment de son arrestation, le 20 juillet, il fut trouvé porteur d'un paquet adressé à Mlle de Forsanz. L'enveloppe contenait un billet et deux lettres. Le billet portait la signature de Louis Videlo ; celui-ci invitait Mlle de Forsanz à remettre à leurs destinataires deux lettres adressées l'une, « *à Bonne* », l'autre, « *à Rose* ».

Ces lettres ne parvinrent jamais à leur adresse. Nous les avons publiées ailleurs. Nous croyons cependant utile de les reproduire ici pour permettre au lecteur de mieux connaître et de mieux juger les deux nobles femmes qui tiennent une si grande place dans notre récit.

Le vicaire de Bubry s'efforçait avant tout de répondre aux besoins immédiats des deux âmes dont il avait la direction : leur prêcher le courage, la patience dans l'épreuve, la soumission complète à la volonté divine, et leur rappeler les motifs puissants de consolation qu'elles devaient puiser dans leur foi.

Voici la lettre qu'il adressait à l'aînée des deux sœurs :

« J. M. J.

« J'espérais, ma chère fille, que le temps de vos épreuves ne devait plus être long et que vos nouveaux juges vous eussent de suite mise en liberté ; mais il paraît que Dieu n'est pas encore satisfait, car, souvenez-vous en bien, lui seul permet tout ce qui vous arrive. Tenez donc toujours bon et ne perdez pas courage. C'est le cas ici de dire : plus de peines, plus de mérites. Je sens que votre nouvelle arrestation vous offre bien de nouveaux moyens d'exercer votre soumission, mais quels qu'ils soient, puisqu'ils sont dans la volonté de Dieu, vous devez être contente. Il sait mieux que nous ce qui nous convient, et ce serait bien mal entendre vos intérêts que de ne pas vous soumettre aussi pleinement qu'il a le droit de l'attendre de vous. Il n'y a point de *non*, ma chère fille, pour une âme qui veut aller à lui. A l'exemple de Jésus-Christ, elle peut, par suite du sentiment de sa faiblesse, le prier d'éloigner d'elle le calice qu'il lui présente, mais, toujours pleine de confiance dans ses miséricordes, elle lui dit dans toute la sincérité de son cœur : O mon Dieu, que votre volonté se fasse et non pas la mienne? Puissiez-vous jamais n'avoir d'autres sentiments ! Qu'une âme fidèle au milieu des croix est un spectacle digne des anges et de Dieu même ! Qu'elle mérite de grâces et quels ne sont pas les progrès qu'elle fait dans le chemin de la perfection ! Jamais, non jamais, n'oubliez cette vérité que *Dieu n'éprouve que ceux qu'il aime*. Le temps des tribulations passera d'ailleurs bien vite, soyez-en sûre, et vous serez forcée d'avouer que toutes celles que vous aurez éprouvées ne sont rien en comparaison de la gloire qui doit en être le prix. La nature sans doute se révolte à l'idée seule de ce qui peut la contrarier ; mais vous savez qu'elle est aveugle et qu'il s'en faut beaucoup qu'elle sache ce qui lui convient. Sachez que vous devez la faire mourir, et conséquemment vous devez recevoir avec soumission, amour et reconnaissance tout ce qui peut vous en fournir les moyens. Heureuse mort, ma chère fille, puisqu'elle doit vous procurer la vie !

« Ou je me trompe bien ou les desseins de Dieu sur vous se développent de plus en plus. Vous savez ce que vous avez éprouvé plus d'une fois, et ce que j'ai été dans le cas de vous dire à ce sujet. Que la position où vous vous trouvez dans le moment est bien faite pour vous décider à vous détacher des choses de la terre, pour ne vous attacher qu'à Celui seul qui peut faire votre bonheur ! Puissiez-vous, ma chère fille, voir tout ce qui vous environne avec les yeux d'une parfaite indifférence, et vous établir dans une disposition à pouvoir dire avec le grand saint Augustin : *Vanité des vanités, tout n'est que vanité, à l'exception d'aimer Dieu et de ne servir que Lui seul.*

« Plus que jamais méritez que Dieu se communique à vous et à celui qui doit vous annoncer ses volontés. Ainsi en tout puissiez-vous dire : Dieu seul et Dieu tout seul ! Priez-le pour moi, et me croyez

« Tout à vous en Notre-Seigneur Jésus-Christ. »

Dans sa lettre à Rose, le vicaire de Bubry écrivait :

« J. M. J.

« La première lettre que ma sœur m'avait écrite, m'avait fait espérer que l'on vous eut permis d'habiter votre propre maison, mais d'après ce qu'elle me marque cette semaine, je vois que vous êtes toujours à la maison d'arrêt. Je ne doute pas de toute la gêne que vous en éprouvez, et que la nature ne se révolte quelquefois. Mais, ma chère fille, Dieu le veut, et conséquemment vous devez aussi le vouloir, et, en le voulant, vous devez vous estimer heureuse. Il faut pour cela sans doute que vous soyez généreuse, soumise et résignée ; mais pourriez-vous ne pas l'être, en vous rappelant les promesses que vous avez faites si souvent à Dieu et le choix que vous avez eu le bonheur de faire ? Vous appartenez à Jésus-Christ ; votre vie doit donc être une vie d'humiliations, de mépris et d'opprobres. Ne perdez jamais de vue l'avis que nous donne à tous le grand saint Bernard : vous conviendrait-il d'être des membres délicats sous un chef couronné d'épines ? Si c'est là ce qu'il exige de tous les chrétiens en général, que n'exige-t-il pas d'une épouse de Jésus-Christ ? Dans les mariages terrestres, il doit y avoir, entre les deux époux, union de volonté, de goûts et de sentiments ; combien plus doit-il y en avoir dans les mariages spirituels ! Félicitez-vous donc, ma chère fille, de tous les moyens que votre nouvelle position vous offre de vous rapprocher de l'époux de votre cœur et de lui ressembler ; et puissiez-vous vous écrier avec le grand apôtre : A Dieu ne plaise que je me glorifie jamais en autre chose que dans la Croix de mon Sauveur Jésus-Christ ! Dans le sacrifice qu'il exige de vous, il n'ira pas jusqu'à vouloir que vous répandiez votre sang pour lui, mais il va jusqu'à vouloir que vous mourriez à toutes les révoltes de la nature, à toutes les affections de votre cœur, en un mot, à tout vous-même, pour ne voir que lui, ne chercher que lui et ne vivre que pour lui. Que vous serez heureuse, ma chère fille, si, en sortant d'arrestation, vous pouvez dire avec vérité : Dieu m'a éprouvée et je me suis humiliée sous sa main paternelle ; il m'a fait entrer dans une voie semée d'épines ; mais, pleine de confiance en lui, j'y suis entrée avec générosité et avec courage ; j'y ai consulté les lumières de la foi, et en ai suivi les principes. Quelle assurance alors pour vous de pouvoir prétendre à cette récompense qu'il promet à ceux qui auront marché dans la voie de ses commandements. Réjouissez-vous donc, ma chère fille, je vous le répète, réjouissez-vous donc dans le Seigneur. Je sais comme vous que vous avez tout à craindre de votre faiblesse, mais croyez que celui qui a commencé son ouvrage en vous, voudra bien vous aider à le perfectionner, et ne permettra pas, soyez en sûre, que vous soyez tentée au-dessus de vos forces ; et il saura bien, au moment de la tentation, vous donner les moyens de vous y comporter en vraie chrétienne et d'y être victorieuse. Le temps des tribulations passera bien vite et vous serez obligée d'avouer qu'elles n'auront été rien en comparaison de la gloire qui en sera le prix. Ne m'oubliez pas devant Dieu et croyez-moi tout à vous en Notre-Seigneur Jésus-Christ.

« Ne vous inquiétez pas pour les permissions que vous croiriez devoir me demander : je vous laisse toute liberté ; mais Dieu seul et toujours Dieu seul. »

Tout commentaire serait superflu. On conviendra que ces deux lettres, d'une inspiration si hautement chrétienne, font le plus grand honneur à celles qui peuvent recevoir comme à celui qui sait donner des consolations si austères et de si fortes directions.

Les dames de Penvern avaient d'autant plus besoin d'être fortifiées et consolées que les épreuves, dont elles espéraient voir bientôt le terme, n'étaient pas près de finir : le jugement du tribunal spécial les replongeait brusquement dans un incertain plus menaçant que jamais.

XIV

Le Jugement du Tribunal spécial.

Le mercredi 31 juillet, le tribunal spécial se réunit dans la ci-devant chambre de la communauté de la Retraite des femmes devenue chambre du conseil du tribunal criminel. Nayl-Villeaubry venait de mourir (1) ; Le Menez-Kerdelleau (2) et Coroller étaient malades. Pour les suppléer, il fallut avoir recours au citoyen Serres, juge suppléant au tribunal criminel. Le tribunal spécial ne pouvait juger qu'en nombre pair, à huit ou à six au moins (3). Etaient donc présents : Perret, président, Le Blanc, Pourot, Busson, Claret et Serres, juges, Lucas-Bourgerel, commissaire du gouvernement et Taslé, greffier (4).

(1) Le 29 prairial, 18 juin 1801, à l'âge de quarante-deux ans. (Arch. comm. de Vannes, état-civil).

(2) Il allait mourir lui-même, dans sa maison de la rue de l'Unité, le 25 vendémiaire an X, 17 octobre 1801, à cinquante-huit ans. Il était né à Carhaix. (Arch. comm. de Vannes, état-civil).

(3) Loi du 18 pluviôse an IX, Titre premier, article V.

(4) Arch. dép., 37 U 3. Extrait des registres du greffe du tribunal spécial du départ. du Morbihan, du 12 thermidor an IX de la République française.

Le commissaire du gouvernement avait d'abord songé à demander au tribunal de se déclarer incompétent et de renvoyer Videlo devant la commission militaire et les dames Penvern devant le tribunal criminel. Il avait même écrit en ce sens au ministre de la Justice. Finalement, par respect pour le principe de l'unité de la procédure, il requit un jugement d'incompétence avec renvoi des trois accusés devant la commission militaire. Comme il fallait s'y attendre, le tribunal se rangea à sa manière de voir. Voici la partie essentielle du jugement du 31 juillet (1) :

« Considérant que la procédure ne présente pas contre Videlo la prévention qui, comprise dans le titre IIe de la loi du 18 pluviôse an neuf, puisse le placer sous la compétence du tribunal spécial ;

« Que le crime de rébellion, de chouanage, de brigandage, sans faits particuliers imputables à des individus, ne les place point sous cette compétence ;

« Que le bruit public invoqué par le second considérant qui précède l'ordonnance de renvoi, n'était appuyé d'aucun rapport de témoins et d'aucun autre commencement de preuve qui puisse établir une prévention, et ne peut motiver une attribution de compétence ;

« Que le gouvernement, d'après le silence de la loi du 18 pluviôse an neuf sur le crime de rébellion, de chouanage et brigandage, a rendu l'arrêté du 18 floréal dernier qui rend justiciables des commissions militaires ceux que les colonnes républicaines saisiraient les armes à la main, mais qui, par ce seul fait, ne seraient point encore de la compétence du tribunal spécial ;

« Qu'il est appris par la lettre du substitut du commissaire du gouvernement près le tribunal criminel pour l'arrondissement de Pontivy, écrite au commissaire du gouvernement près le tribunal criminel le six messidor, que le procès-verbal de capture et saisie de Videlo et de ses effets était clos quand on du (*sic*) trouver dans sa cache et sur son indication les pistolets qui font partie des pièces de conviction et que ce fait n'a point été constaté dans ce premier procès-verbal ;

« Que les rapports des témoins Dhennin, Vergniol et Lioté

(1) Arch. dép., 37 U 3, extrait des registres du greffe du tribunal spécial, etc.

entendus sur ce fait ont commencé la preuve que le procès-verbal ou un procès-verbal supplémentaire eût dû présenter ;

« Que la découverte dans la maison que fréquentait Videlo et qui le recelait lors de sa capture, d'un fusil à deux coups et d'un pistolet d'arçon anglais, prétendus appartenir à *Achille*, peut corroborer la présomption que Videlo en rébellion n'était pas sans armes ;

« Que la qualité de chef et de commandant de huit hommes au moins, à qui il distribuait la solde, avouée par Videlo, peut le ranger dans la classe des hommes continuellement armés, lors même que personnellement il n'aurait pas tenu l'arme à la main, parce qu'un chef peut-être considéré comme tenant et dirigeant les bras de tous ceux qui lui obéissent, et armé de toutes les armes qui sont portées par ses ordres ;

« Qu'après les vérifications légales des écritures et correspondances présumées de la main de Videlo, la preuve de l'emploi et de la direction des armes par ses ordres, pourra acquérir un plus haut degré d'évidence, mais qu'il n'incombe point au tribunal spécial de suivre plus avant l'instruction, puisqu'il ne peut point placer les prévenus sous sa compétence ;

« Qu'il ne lui incombe pas d'avantage de fixer le sens de l'acception des termes de l'arrêté du gouvernement du 18 floréal dernier, dont l'exécution et l'application est confiée à la commission militaire ;

« Que les deux sœurs Dupérenno, prévenues de complicité dans les actes de rébellion et brigandage imputés à Videlo, pour lui avoir donné retraite, sachant qu'il était dans le parti des chouans, et ainsi facilité de plusieurs manières les moyens d'exécution de ces délits, ne peuvent être distraites de l'instruction à laquelle elles sont partie nécessaire et indispensable, sauf le renvoi par la commission devant qui de droit, après sa compétence fixée respectivement à tous les prévenus ;

« Sur ce qui résulte de l'art. 24 de la loi du 18 pluviose an 9 et de l'arrêté du gouvernement du 18 floréal dernier portant :

« Art. 24 de la loi du 18 pluviôse an 9 :

« Sur le vu de la plainte, des pièces y jointes, des interroga-
« toires et réponses, des informations, et le commissaire du gou-
« vernement entendu, le tribunal jugera sa compétence sans
« appel ; s'il déclare ne pouvoir connaître du délit, il renverra
« sans retard l'accusation et tous les actes du procès par devant

« qui de droit; dans le cas contraire, il procèdera égallement « sans délai à l'instruction et au jugement du fonds. »

« Arrêté des consuls du 18 floréal an 9 :

« Art. 1er. — Le général commandant l'armée de l'ouest for« mera trois colonnes d'éclaireurs pour poursuivre les brigands « qui désolent la 13e division militaire.

« Art. 2. — Il y aura à la suite de chaque colonne d'éclaireurs « une commission militaire composée de cinq officiers et d'un « rapporteur, pour juger sur le champ les brigands pris les « armes à la main.

« Art. 3. — Le Ministre de la Guerre et le Ministre de la Police « générale seront chargés, chacun en ce qui le concerne, de l'exé« cution du présent arrêté.

« Et faisant droit sur la conclusion du Commissaire du Gouvernement,

« Le tribunal déclare qu'il est incompétent et qu'il ne peut connaître des délits imputés à Julien-Marie-Cyrille Videlo, Bonne-Françoise-Marguerite Dupérenno et Thérèse-Joseph Dupérenno, et renvoie les dits prévenus et la procédure qui les concerne devant la commission militaire établie dans le département du Morbihan par l'arrêté du gouvernement du 18 floréal dernier.

« Ordonne que le présent jugement sera mis à exécution à la diligence du commissaire du Gouvernement...

« Fait en la chambre du conseil du tribunal criminel du département du Morbihan, par emprunt de local, etc... »

La décision du tribunal spécial était en parfait accord avec l'opinion du ministre de la Justice. Le 30 juillet en effet, Abrial répondait à la consultation du commissaire du gouvernement, et sa lettre dut arriver à Vannes vers le 5 août. « Je partage absolument l'opinion d'après laquelle vous avez décidé que Videlo, dit *Tancrède*, devait être traduit devant une des commissions militaires nouvellement créées par le Gouvernement. L'état de rébellion dans lequel il a été trouvé n'est pas douteux.

« Mais je pense que les prévenues de Penvern auraient pu être également traduites devant la commission militaire. Elles ne paraissent pas en effet seulement complices de Videlo et des autres chefs de chouans armés contre la République ; leur maison ayant servi à receler des ennemis intérieurs avec armes et munitions, tous les faits imputés à Videlo semblent donc pouvoir l'être aussi aux prévenues Penvern (1). »

Après ce que nous avons dit au chapitre précédent, l'opinion du ministre ne nous empêchera pas de trouver ce jugement aussi précipité que mal fondé en droit. Pour livrer Videlo à la commission militaire, le tribunal spécial se contente d'une vague présomption. Pourquoi ne pas attendre l'arrivée de Pinel même métamorphosé en Jumel ? Pourquoi ne pas se renseigner auprès du parquet de Pontivy présent à Penvern lors de l'arrestation de Videlo ? Enfin le sixième considérant du jugement, le plus important, ne constitue-t-il pas à lui seul une pure monstruosité juridique ? Videlo aurait été arrêté dans des conditions qui le rendaient justiciable de la commission militaire, c'est-à-dire les armes à la main, parce qu'il commandait et soldait huit chouans dispersés dans toute l'étendue d'un arrondissement !

Si le tribunal spécial ne pouvait ni se déclarer compétent, ni établir la compétence de la commission militaire, il devait attendre un supplément d'information ou renvoyer les accusés devant le tribunal criminel. Mais ceux qui le menaient se défiaient du jury. Quant à attendre... à quoi bon ?

XV

Devant la Commission militaire. La procédure.

Le tribunal spécial avait rendu son jugement le 31 juillet. Le lendemain le vicaire de Bubry, dont nous avons mentionné plus haut l'arrestation, était à son tour transféré de Pontivy à Vannes. Son beau-frère, Bon Jan de la Gillardais (2), l'accompagna jus-

(1) Arch. dép., 37 U 3.

(2) Bon Jan de la Gillardais avait épousé Félicité Videlo le 1er septembre 1778. Né à Guer le 28 mai 1745, il était fils de Pierre Jan de Laumaillerie et d'Anne Hochet. Avocat au Parlement, il fut le dernier maire de Pontivy avant 1789. Il joua un rôle important dans cette petite ville pendant la Révolution comme administrateur du district ou comme juge au tribunal. Mais l'arrestation de ses deux beaux-frères avait probablement rendu le séjour de Pontivy pénible pour sa famille. Toujours est-il que, en pleine affaire *Tancrède*, le 14 août, il vint déclarer à la mairie qu'il comptait quitter la ville le 2 septembre, pour se retirer à Cléguérec, avec sa femme, ses enfants et sa belle-mère. (Arch. mun. de Pontivy).

qu'au chef-lieu du département : il espérait sans doute être utile à sa cause et il voulait tenter un dernier effort en faveur de *Tancrède* dont l'affaire prenait décidément mauvaise tournure.

A en croire d'Haucour, le recteur de Bubry aurait eu l'intention de faire enlever son frère par les chouans en cours de route. La tentative, si elle eut lieu, ne réussit pas, car Louis Videlo fut écroué le soir même à la prison du Petit-Couvent.

Il comparut dès le lendemain devant le préfet du Morbihan, qui, sur son refus de faire la promesse de fidélité à la constitution de l'an VIII, prit immédiatement contre lui un arrêté de déportation. Il attendit pendant un mois, dans sa prison, l'approbation de l'arrêté préfectoral par le ministre de la police et son transfert à l'île d'Oléron (1).

Les dames de Penvern et *Tancrède* furent eux aussi transférés au Petit-Couvent après le jugement du tribunal spécial. Lui fut-il permis de les voir ou au moins de communiquer directement avec eux ? Nous n'en savons rien. Ce qui paraît certain, c'est qu'il put aisément, grâce à ses relations avec l'extérieur, suivre jour par jour la procédure de la commission militaire (2).

Le 5 août le citoyen Jean-Baptiste-Hubert Modiquet, capitaine au 4e régiment de chasseurs à cheval, rapporteur de la commission militaire, était mis en possession du dossier. Il venait d'en terminer l'étude lorsque arriva à Vannes le lieutenant Jumel qu'on avait enfin retrouvé ; il reçut sa déposition le vendredi 16 août au matin. Le témoin déclara « que le 27 prairial,.. étant du détachement qui avait été conduit au château de Penvern,.. le lendemain de l'arrestation de Videlo, vers les cinq heures du matin, il dit au dit Videlo qu'il était a pris (appris) qu'il avait des armes, et que lui Videlo lui répondit : « puisque l'on [se] doute que j'aye des armes, cela est vrai ; venez avec moi : je vais vous les remettre. » Aussitôt un carabinier qui entendit ce propos s'offrit à venir avec moi accompagner Videlo dans sa cache. Arrivé là, Videlo me demanda à être délié pour chercher les pistolets qui étaient

(1) Cf. *Les Prêtres de Bubry*, p. 209 et ss. Le premier préfet du Morbihan, Giraud-Duplessis, venait d'être nommé commissaire du gouvernement au Conseil des prises (22 juillet), et remplacé par l'adjudant-commandant Julien (28 juillet) : mais il n'avait pas encore quitté Vannes, et c'est devant lui que comparut le vicaire de Bubry.

(2) Les pièces de la procédure de la commission militaire se trouvent aux Arch. départ., 37 U 3.

dans un trou. Je ne voulus point y consentir. Alors il me désigna l'endroit ; mais ne pouvant les trouver, il se coucha sur le ventre, pour les tirer de leur cache. La corde qui lui tenait les bras liés l'ayant empêché de fouiller assez avant, je dis au carabinier de chercher dans le même endroit, et [celui-ci] tira les deux pistolets garnis de leurs bayonnettes, qu'il me remit. Je fus les porter au général Villat qui était encore au lit. » Et la pièce que nous citons se termine par ces mots : « Les pistolets représentés au témoin, il les a reconnu pour être les mêmes qui ont été trouvés dans la cache de Videlo d'après son indication. »

Armé de cette nouvelle déposition, Modiquet se rendit sans retard au Petit-Couvent et fit comparaître devant lui Julien Videlo. L'interrogatoire ne dura pas moins de six heures : commencé le 16, vers dix heures du matin, il ne se termina que le 17, vers midi.

Avant de répondre aux questions du capitaine instructeur, l'inculpé voulut faire une déclaration par laquelle il déclinait la compétence de la commission militaire. L'arrêté du 18 floréal an IX (8 mai 1801), dit-il, n'établissait point d'autres commissions militaires que celles qui devaient accompagner les colonnes d'éclaireurs chargées de poursuivre les brigands armés ; ces commissions elles-mêmes n'avaient point d'autres attributions que de juger sur-le-champ les rebelles pris les armes à la main, et le fait d'avoir été pris les armes à la main nécessitait un jugement immédiat ; en ce qui le concernait, la commission militaire avait reconnu son incompétence au moment même de son arrestation à Penvern, parce que, en réalité, il n'avait pas été pris les armes à la main. Il avait bel et bien été arrêté sans armes, ainsi que constatait formellement le procès-verbal de capture, dans une maison où il ne se réfugiait que pour attendre le résultat des démarches entreprises par lui pour faire accepter sa soumission, et où on ne l'avait reçu que pour cette raison. Les délits qu'on lui imputait avaient rendu nécessaire une instruction qui, en fait, avait été ouverte contre lui ; or il était bien évident que les commissions militaires n'avaient pas été établies pour instruire, mais pour juger sur-le-champ les rebelles pris les armes à la main. La commission militaire ne l'ayant pas jugé sur-le-champ, comme elle aurait dû le faire s'il avait été pris les armes à la main, aucune commission militaire n'avait plus juridiction sur lui. Il n'était désormais justiciable que du tribunal criminel ou, à la rigueur, du conseil de guerre. En conséquence, s'il consentait à répondre aux questions qui lui seraient posées dans la suite, c'était uniquement pour permettre à la commission militaire de se convaincre de plus en plus qu'il n'était pas dans le cas prévu par l'arrêté consulaire du 18 floréal.

Sur son passé, la date et les motifs de son entrée dans la chouannerie, son obstination à ne pas déposer les armes, ses ressources et la provenance des pièces d'or et surtout des guinées anglaises trouvées en sa possession, ses relations avec le château de Penvern, *Tancrède* fit les réponses que nous connaissons déjà et sur lesquelles il serait fastidieux de revenir.

Il avait avoué précédemment qu'il avait huit hommes sous son commandement et il les avait nommés. Il ne revint pas sur cet aveu, mais il déclara que, à ses yeux, c'étaient plutôt des malheureux sans feu ni lieu que des soldats ; qu'il se proposait seulement de prendre sur eux assez d'influence pour les empêcher de devenir criminels et « les faire rentrer avec lui dans le sein de la république », s'il était assez heureux pour obtenir lui-même cette faveur. Son but avait été partiellement atteint : personne n'avait eu à se plaindre des hommes qu'il commandait.

Le capitaine rapporteur lui mit alors sous les yeux le fusil à deux coups, les pistolets d'arçon, la paire de pistolets de poche et lui demanda s'il les reconnaissait. Videlo répondit que ces armes n'étaient pas à lui, qu'il n'avait jamais eu besoin d'armes Modiquet refit le récit de la découverte des deux pistolets d'après Jumel. Videlo affirma qu'il n'avait rien vu de tout cela. Le capitaine rapporteur insista : *La Bretagne* lui-même, au mois de septembre 1800, avait pris ces pistolets chez Maurice Rio, à Keroch, en Quéven, et les avait déposés entre les mains du recteur de Bubry qui avait dû les lui remettre. Videlo soutint jusqu'au bout que tout cela était absolument faux, et qu'aucune de ces armes ne lui appartenait. Quant à ses hommes, il ne croyait pas qu'ils eussent d'armes ; en tout cas, ils ne s'en étaient jamais servis. Que si on voulait connaître les dépôts d'armes appartenant aux chouans, ce n'était pas à lui qu'il fallait s'adresser, mais à *La Bretagne* qui s'en était spécialement occupé.

Des crimes avaient été commis peu auparavant dans les paroisses de Langoëlan, Silfiac, Langonnet, Le Faouët ; quatre personnes, dont une femme, avaient été tuées et deux gendarmes blessés. Modiquet crut devoir diriger ses investigations de ce côté. L'accusé répondit « que toutes les espèces d'assassinats et de crimes de ce genre lui ont toujours été absolument étrangers et n'ont jamais entré dans ses principes et qu'il a tout fait, jusqu'à se compromettre lui-même, pour les empêcher ».

Enfin Modiquet sortit du dossier les pièces à conviction écrites trouvées à Penvern ou saisies sur *Augustin*, *Roger* et *Joson*. Les unes étaient à peu près ou même tout à fait étrangères au débat ; les autres au contraire désignaient clairement *Tancrède* comme chouan et même comme chef de légion.

Julien Videlo reconnut sans peine les premières ; mais il continua à protester que les autres ne le concernaient pas.

Sur une dernière question du capitaine rapporteur, il désigna René Jolivet comme défenseur ; puis, avant de se retirer il exprima le désir de faire entendre deux témoins à décharge, Jean-Baptiste Rondeau, commis à la recette de Pontivy et Laurent Morand, employé de commerce dans la même ville.

Julien Videlo ne fut pas laissé plus longtemps au Petit-Couvent. Il aurait dû être enfermé à la Tour du Connétable qui depuis cinq ou six ans servait de prison militaire (1) ; mais elle était dans un état de délabrement qui rendait les évasions faciles et fréquentes. Ceux qui tenaient Videlo n'entendaient pas le laisser échapper ; on le ramena à la tour nord de la Porte-Prison.

Le capitaine Modiquet interrogea séparément Bonne et Rose du Pérenno dans l'après-midi du même jour. Les deux sœurs se défendirent avec la même prudence, le même courage, la même présence d'esprit que devant Ruinet et Busson. Elles ne laissèrent pas échapper une parole qui pût aggraver le cas de Julien Videlo ou compromettre ses frères ; car les interrogatoires visaient aussi les deux prêtres, surtout Benjamin désigné par *La Bretagne* comme caissier des chouans.

On les accusait d'avoir livré aux chouans avant la pacification de Beauregard, trois cents minots de seigle et froment. Elles répondirent qu'elles n'avaient pu livrer de froment : il n'y en avait pas dans le pays qu'elles habitaient. Quant au seigle, elles n'en avaient jamais livré volontairement ; on leur en avait pris une

(1) Arch. dép., M, 12. La fameuse tour, qui avant la Révolution servait à enfermer les filles de mauvaise vie et les déments, avait été transformée en prison militaire à la fin de 1795 : elle garda cette destination jusqu'au 21 décembre 1803. Elle devint à cette date maison de correction et dépôt pour les femmes.

fois de force dans une de leurs fermes. C'était d'ailleurs le seul vol dont elles eussent été victimes. Enfin elles traitèrent de fable ridicule cette histoire de baptême, de dragées, de banquet que nous avons rapportée plus haut d'après les dires de *La Bretagne*.

Elles terminèrent par une déclaration identique : ayant été arrêtées en vertu d'une ordonnance du directeur du jury, elles se croyaient en droit de contester la compétence de la commission militaire. Comme Videlo, elles chargèrent René Jolivet de leur défense ; mais plus heureuses que lui, elles purent attendre au Petit-Couvent le moment de comparaître devant leurs nouveaux juges.

Dès le 20 août, les témoins cités à la requête de la défense, se présentaient devant le capitaine rapporteur. Celui-ci venait de recevoir deux attestations écrites en faveur de Videlo. Elles émanaient de deux anciens chouans, Louis Le Fouler, de Keroch, en Bieuzy, et de Claude Gloux, dit *Bignut*, de Guern, et témoignaient de la modération et de l'humanité de l'accusé. Le Fouler racontait — et *Bignut* confirmait sa déposition — que lors de la pacification de Brune, il fit sa soumission et alla déposer ses armes à Pontivy ; qu'il fut surpris quelques jours après par des chouans réfractaires et conduit devant les chefs ; que ceux-ci voulaient le mettre à mort comme traître, « et qu'il ne dut la vie qu'aux instantes prières de Videlo ».

Morand et Rondeau de leur côté venaient dire comment Julien Videlo s'était vu contraint de se jeter dans le parti des chouans.

Morand déposa « que quelque temps avant que le nommé Videlo passât aux rebelles, il entra chez lui un matin très ému et lui dit qu'il venait d'essuyer sur la place publique une scène très désagréable, que le citoyen Beaublé (Puillon-Boblay), commissaire du Gouvernement près l'administration municipale, l'avait invectivé et traité de chouan devant plusieurs témoins. Le citoyen Videlo ajouta qu'il ne trouvait aucune sécurité dans un pays où des magistrats l'insultaient impunément et sans motif. Le citoyen Dumay, médecin à Pontivy, était chez le déclarant lorsque le citoyen Videlo se plaignit de cette insulte.

« Quelques temps après le départ du citoyen Videlo, le déclarant faisant des reproches au citoyen J. Violard de l'avoir incarcéré avec ledit Videlo, pour s'être fait remplacer à la garde, le citoyen Violard dit au déclarant qu'il ne lui en voulait pas à lui, mais bien à Videlo. »

Et à propos de cette dernière scène, Rondeau ajoute que « Violard manifesta au sujet du dit Videlo une animosité qui souleva l'indignation de tous les assistants ».

Le neveu de Julien Videlo, Bon Jan de la Gillardais, avait accompagné les deux témoins dans leur voyage à Vannes. Les trois jeunes devaient attendre en cette ville le jugement désormais très prochain de la commission militaire. Ils reçurent l'hospitalité chez Georges Morand, l'oncle de l'un d'entre eux.

On leur permit de voir Julien Videlo dans la matinée du jeudi 22 août. La santé du prisonnier était très ébranlée. Le concierge, apitoyé ou gagné, lui avait donné dans la Tour du nord un logement relativement salubre et commode ; de sa fenêtre tournée vers l'est, il dominait une maison basse dont le toit descendait presque jusqu'au sol. Que se passa-t-il entre ses visiteurs et lui? Nous ne le savons pas. Il devait comparaître le lendemain devant la commission militaire ; on parla sans doute beaucoup de la terrible journée qui se préparait, des bruits qui se colportaient en ville, des dispositions supposées des juges. Il fut certainement aussi question d'évasion et peut être combina-t-on quelque plan où les trois visiteurs devaient jouer leur rôle. Les facilités d'exécution et la crainte qu'inspirait la commission militaire semblaient conseiller une tentative de ce genre.

Les trois pontivyens déjeunèrent ensuite chez le citoyen Morand ; pendant tout le repas, il ne fut question que des moyens de défense de l'accusé et de ses chances d'acquittement — auxquelles on ne croyait peut-être pas beaucoup.

A quatre heures, ils étaient sur la Garenne. L'un d'eux, Bon Jan, croyons-nous, s'était arrêté sur le pont en bois qui y conduisait ; les deux autres avaient gravi la butte et étaient arrivés auprès de l'hôpital Saint-Yves.

A ce moment même Videlo, trompant la vigilance de ses gardiens, descendait au moyen d'une corde sur le toit très bas de la maison voisine et de là se laissait glisser dans la rue ; puis, prenant à droite, il s'élançait dans la direction de la Garenne. Il trouva son neveu sur le pont ; ils escaladèrent ensemble la rampe abrupte, et rejoignirent sur le haut Morand et Rondeau.

Malheureusement l'alarme avait été donné à la prison. Le concierge Robert, suivi du poste, accourait sur les traces du fugitif en criant de toutes ses forces : « Arrête ! arrête ! » Les trois jeunes gens étaient bien loin de songer à arrêter Videlo ; ils aimaient mieux narguer le pauvre concierge qui s'essouflait à courir et à crier. Bon Jan se mit même à courir dans la même direction que le prisonnier, mais en manœuvrant de façon à favoriser l'évasion en gênant la poursuite. Cependant Robert gagnait du terrain ; il réussit à appréhender le fugitif auprès de la Croix Jeanneton (1), et avec l'aide du poste, il le ramena à la prison.

Quand on essaie de s'évader il faut la réussir. Si la tentative de Videlo ne changea rien au dénouement arrêté à l'avance, elle ne put manquer d'indisposer davantage encore le tribunal, déjà trop enclin à se montrer impitoyable, qui devait le juger le lendemain.

XVI

Devant la Commission militaire. L'Assassinat

Le vendredi 23 août, la commission militaire se réunit en la salle d'audience du tribunal criminel. Elle se composait du chef de bataillon Simon, président, des capitaines Vialle et Plazanet, du lieutenant Kimer et du sous-lieutenant Collin, juges... Tous ces officiers appartenaient à la 38e demi-brigade. Le capitaine Modiquet remplissait les fonctions de rapporteur. Le secrétaire était le maréchal des logis chef Gauthier.

Aux termes du jugement du tribunal spécial, les trois accusés étaient renvoyés devant une commission militaire formée en vertu de l'arrêté consulaire du 18 floréal. Dans les interrogatoires qu'il leur avait fait subir, Modiquet se qualifiait rapporteur de la commission militaire établie en vertu de l'arrêté du 18 floréal (8 mai). Ces commissions militaires devaient juger *sur-le-champ les rebelles pris les armes à la main.*

Or il y avait plus de deux mois que Videlo avait été arrêté. On savait bien qu'il n'avait pas été pris les armes à la main. Il n'était pas question, dans le procès-verbal de capture, d'armes découvertes sur lui ou dans sa cachette. Pour toutes ces raisons,

(1) Nous n'avons pu déterminer au juste l'emplacement de la Croix Jeanneton ; nous supposons qu'elle se trouvait sur le terrain occupé aujourd'hui par les *Fourrages militaires.*

il avait déclaré avec insistance au début de son interrogatoire, qu'il ne reconnaissait pas la compétence de la commission militaire qui prétendait le juger. Et, en fait, l'arrêté du 18 floréal ne lui semblait vraiment pas applicable.

Son argumentation embarrassa ses juges ; ils ne voulaient pas lâcher leur proie ; en même temps ils prétendaient donner à leur décision les apparences de la justice. Ils crurent se tirer d'affaire par une pirouette. Il existait un autre arrêté consulaire organisant des commissions militaires ; il était daté du 21 nivôse (11 janvier) et portait :

« Art. 1er. Les rebelles et brigands pris armes à la main par les colonnes mobiles dans l'étendue de l'armée de l'Ouest, seront traduits devant des conseils militaires formés à cet effet par le général commandant la division militaire dans l'étendue de laquelle ils auront été arrêtés. »

En conséquence, le général Rostoland, commandant le département, avait établi une de ces commissions militaires dans le Morbihan. Elle fonctionna à Lorient et c'est elle qui condamna à mort les compagnons d'*Augustin* (11 février) et ceux de *Joson* (5 mars). Il n'y avait qu'à s'appuyer sur l'arrêté du 21 nivôse (11 janvier). On ferait ainsi de la commission militaire chargée de juger Videlo la continuatrice de celle du général Rostoland. Il n'était plus question de jugement sur-le-champ comme dans l'arrêté du 18 floréal ; et quant au reste, on trouverait bien moyen de dire, sinon de prouver, que Videlo avait été pris les armes à la main. Le tribunal spécial n'avait-il pas donné l'exemple ?

La procédure commencée en vertu de l'arrêté du 18 floréal fut donc continuée en vertu de celui du 21 nivôse.

C'était une usurpation de pouvoir et une illégalité monstrueuse ajoutée à tant d'autres. L'arrêté consulaire du 23 février, qui prescrivait l'établissement des tribunaux spéciaux décrétés par la loi du 7 janvier, avait aboli les commissions militaires existantes. L'article III en effet était conçu en ces termes : « Les commissions militaires extraordinaires cesseront leurs fonctions sur la signification de l'installation du tribunal spécial qui sera faite par le préfet au commandant de la division (1). » C'était clair ; mais selon le mot cynique d'un de nos modernes jacobins, il

(1) *Bulletin des Lois*, n° 525. Une exception était faite pour les départements des Bouches-du-Rhône et du Var.

n'y a pas de justice pour les ennemis politiques. De pareilles vétilles ne pouvaient arrêter les valets de Bernadotte.

Suivons Julien Videlo et les dames de Penvern devant le tribunal irrégulier qui s'apprête à les juger. Le président se fit présenter l'arrêté consulaire du 23 février, la lettre par laquelle le ministre de la Guerre le communiquait au général commandant l'armée de l'Ouest et en requérait l'application, les textes de lois par lesquels la commission pourrait motiver sa sentence. Le rapporteur donna ensuite lecture du procès-verbal d'arrestation de Videlo et des deux sœurs et des autres pièces de la procédure.

Ces préliminaires terminés, le président ordonna à la garde de faire entrer les accusés. Ils étaient « libres et sans fers » ; leur défenseur officieux René Jolivet les accompagnait. Ils allèrent s'asseoir au banc des accusés.

Le président refit l'historique des faits, leur donna connaissance des charges qui pesaient sur eux, puis les fit sortir de la salle pour les rappeler ensuite un à un et leur faire subir séparément un dernier interrogatoire.

De tout cela il résultait clairement, paraît-il, ce qui suit :

1° Que le 26 prairial, Julien Videlo avait été pris les armes à la main au château de Penvern avec les sœurs du Pérenno ses complices.

2° Que Julien Videlo n'avait pas rendu ses armes lors de la pacification de février 1800, qu'il était resté constamment en révolte contre les lois et n'avait jamais cessé d'être chef de chouans.

3° Que Bonne et Rose du Pérenno avaient constamment donné asile à Julien Videlo et recelé chez elles des armes, munitions et effets d'habillement appartenant aux chouans.

Le capitaine Modiquet donna lecture de son rapport et de ses conclusions : en vertu des articles 3 et 7 de la loi du 18 juin 1795 (30 prairial an III), il requérait la peine de mort contre Julien Videlo et demandait le renvoi des demoiselles de Penvern devant le tribunal criminel.

Pour celles-ci c'était le salut. Tout l'intérêt du drame se concentrait de plus en plus autour de Julien Videlo.

La parole était maintenant à la défense. La tâche eût été facile devant un tribunal sans parti pris.

La commission militaire est irrégulière : l'arrêté du 11 janvier dont elle se réclame, a été abrogé par l'arrêté du 23 février.

A supposer qu'elle soit régulière elle serait incompétente : Videlo n'a pas été pris, les armes à la main ; et à l'appui de cette affirmation les preuves abondent : le silence absolu du procès-verbal d'arrestation ; la procédure commencée contre le prisonnier, alors qu'il aurait dû être traduit immédiatement devant une commission militaire si vraiment il avait été arrêté les armes à la main ; le dépôt par trop tardif des armes qui, disait-on, avaient été trouvées dans sa cachette ; l'opinion contraire énoncée par Guépin dans ses conclusions et plus formellement encore par Ruinet dans son ordonnance de renvoi devant le tribunal spécial : or Guépin et Ruinet étaient à Penvorn ; les erreurs significatives portant sur les noms des témoins à charge ; la conduite ordinaire de Videlo qui, hors le cas de nécessité, défendait à ses hommes d'avoir des armes sur eux, afin de conserver quelque chance de sauver leur tête s'ils étaient arrêtés. En tout cas avoir des armes cachées dans l'endroit où l'on est arrêté ce n'est pas être arrêté les armes à la main. Le renvoi devant le tribunal criminel, puisque le tribunal spécial déclaré incompétent, s'imposait donc pour Julien Videlo aussi bien que pour les demoiselles du Pérenno.

Si la commission militaire persiste à retenir l'affaire, elle ne doit pas oublier que Videlo n'est pas un brigand ordinaire. Il a adopté avec enthousiasme les idées de la Révolution ; il a combattu dans la garde nationale contre les insurgés de mars 1793 ; il a ensuite pris un engagement dans l'armée régulière, fait deux campagnes et gagné le grade de lieutenant au service de la république. Rentré dans ses foyers, il a été rejeté malgré lui, dans le parti des chouans par ceux qui, à force de vexations, lui ont rendu la vie impossible à Pontivy. Dans les rangs des rebelles, il n'a donné que des conseils de modération : on ne peut citer à sa charge aucun assassinat, ni même aucun acte de violence. Il a fait ce qui dépendait de lui pour effectuer sa soumission ; pour atteindre ce but, il a écrit, il a provoqué des interventions auprès du préfet ; il n'a pas reçu de réponse ; mais ses démarches ne dénotent-elles pas des sentiments pacifiques ?

Enfin M. Jolivet ne put manquer de rappeler à la commission militaire que la fameuse loi du 30 prairial an III, sur laquelle le capitaine rapporteur étayait sa demande de condamnation à mort, devait « *être regardée comme abrogée dans tous les départements où il avait été établi des tribunaux criminels spéciaux* », et le Morbihan était dans ce cas. Le ministre de la justice lui-même en avait instruit le commissaire du gouvernement près le tribunal criminel, et copie de sa lettre, datée du 24 floréal, avait été versée au dossier. Telle était d'ailleurs la jurisprudence constante du tribunal de cassation.

Les accusés et l'avocat avaient fini.

« Avez-vous quelque chose à ajouter? » demanda le président. — « Non, » répondirent-ils.

La garde fit sortir Videlo et les deux sœurs, leur défenseur et le public. La délibération devait avoir lieu à huis-clos. Elle ne fut pas longue. Le commandant Simon demanda son avis à chacun des juges en commençant par le sous-lieutenant Collin pour continuer par le lieutenant Kimer et les capitaines Plazanet et Vialle; puis il donna lui-même le sien. Sur son ordre les accusés furent ramenés dans la salle; puis, devant la garde assemblée et le public qui avait repris ses places, il donna lecture du jugement de la commission militaire.

« Les commissaires... considérant que les accusés dont l'un a été arrêté les armes à la main et les deux autres comme complices (*sic*), n'ont cessé d'être en rebellion contre le gouvernement.

« Considérant que le nommé Julien Videlo, dit *Tancrède*, est convaincu par son propre aveu d'avoir eu huit chouans à sa solde et sous ses ordres pendant l'amnistie et qu'il est constant qu'il a été pris les armes à la main;

« Condamne le nommé Julien Marie Cyrille Videlo à la peine de mort conformément à l'article III de la loi du 30 prairial an III ainsi conçue.

« Les chefs, commandants, capitaines, les embaucheurs et « instigateurs de rassemblements armés sans l'autorisation des « autorités constituées, soit sous le nom de chouans, ou sous « telle autre dénomination, seront punis de la peine de mort. »

« A l'égard des sœurs Dupérenno, convaincues d'avoir donné asile au nommé Julien Videlo, dit Tancrède, et d'avoir recelé des armes, munitions et habillements appartenant aux chouans, la commission s'est déclarée incompétente, ses attributions se bornant à prononcer sur le sort des individus pris les armes à la main,

« Considérant que les sœurs du Pérenno n'étaient pas dans ce cas, la commission renvoie leur jugement par devant le tribunal criminel, conformément à l'article VII de la loi citée ci-dessus ainsi conçue: « Les prévenus d'avoir pris une part active à des

« révoltés depuis la pacification, arrêtés hors des rassemble-
« ments et sans armes, seront traduits devant les tribunaux
« criminels des départements ; l'accusateur public dressera seul
« l'acte d'accusation et ils seront jugés par le tribunal. »

« Ordonne que le présent jugement sera mis à exécution dans les 24 heures ; ordonne en outre l'impression et l'affichage dudit jugement au nombre de 800 exemplaires, et qu'il en sera envoyé à la diligence du capitaine rapporteur tant au Ministre de la Guerre qu'au général de division.

« La commission condamne en outre ledit Videlo, dit Tancrède aux frais de la procédure. »

Julien Videlo était donc condamné à mort par un tribunal incompétent, pour un délit inexistant, en vertu d'une loi abrogée depuis six mois ! C'était un assassinat auquel on négligeait même de donner des formes légales.

Les gendarmes reconduisirent les demoiselles de Penvern au Petit-Couvent et Videlo à la Porte-Prison ; il allait y passer sa dernière nuit. Sa condamnation produisit en ville une pénible impression. L'émotion devait grandir encore lorsque, quelques jours après, on apprit que la même commission militaire n'avait condamné Kobbe, dit *La Ronce*, qu'à une courte détention. Kobbe était plus coupable que Videlo ; mais « il avait dénoncé tout ce qu'il connaissait (1) ».

Le condamné payait pour lui et pour ses frères, surtout pour le recteur de Bubry, à qui les représentants du pouvoir ne pardonnaient pas son opposition irréductible à la République consulaire, ses relations avec les chouans, la ligne de conduite qu'il traçait au clergé du diocèse, au nom de son évêque, et son obstination à ne pas se laisser prendre.

Louis était toujours détenu au Petit-Couvent ; lui fut-il permis d'avoir une dernière entrevue avec son frère? Cela n'est pas probable ; mais le condamné eût sans doute toute facilité pour appeler un prêtre, et se préparer à mourir en chrétien (2).

(1) *Joural d'un bourgeois de Vannes*, 1799-1801.

(2) Le 27 août, la commission militaire condamna à mort un petit bossu, âgé d'environ quarante ans, courrier des chouans, agile et déterminé, recherché depuis sept ans. « Il s'est confessé et a prié l'abbé Dano de l'accompagner jusqu'au cimetière, ce qu'il a fait. Les bons prêtres accompagnent au lieu du supplice ceux qui les demandent, et les confessent dans les prisons. » A toutes les questions « il a répondu qu'on ne tirerait rien de lui, que tout était dans sa bosse,

Il mit à profit ses derniers moments pour faire une démarche en faveur de Morand, Rondeau et Bon Jan, son neveu, qui s'étaient compromis pour lui. Les deux derniers venaient d'être arrêtés et internés au Petit-Couvent. Morand s'était enfui précipitamment et avait regagné Pontivy; il devait quelques jours plus tard rentrer à Vannes et se constituer prisonnier. Tous trois étaient accusés de complicité dans sa tentative d'évasion du 22 août. Il fit donc venir un notaire dans sa prison et attesta devant lui qu'ils n'y avaient pris aucune part.

Enfin le samedi 24 août, un peu avant midi, Julien Videlo fut tiré de sa prison. Un prêtre l'assistait sans doute, comme c'était l'usage pour les condamnés qui le demandaient. Par la rue St-Nicolas et la rue de l'Hôpital, il fut conduit sous bonne escorte, rue Boismoreaux à l'entrée du nouveau cimetière. C'était là que la commission militaire faisait exécuter ses condamnés; elle voulait sans doute faire vite et ménager l'opinion. Le peloton d'exécution attendait. Quelques instants après l'ancien chef de chouans tombait percé de balles (1). Du Petit Couvent, son frère, son neveu, les dames de Penvern, Rondeau purent entendre, par-dessus les bruits de la ville, le feu de salve qui mettait fin à son aventureuse et trop courte existence.

qu'il n'aurait pas la lâcheté de *La Bretagne* de dénoncer ses amis ni personne, et toujours que tout était dans sa bosse. Les jugeurs n'en ont rien pu tirer, et étaient furieux. » (*Journal d'un bourgeois de Vannes*, 1799-1801). M. Dano était originaire de Saint-Patern. Au Concordat il fut nommé recteur de Saint-Jean-Brévelay.

Un dernier mot sur *La Bretagne*. On lui tint grand compte des services rendus. Il n'y eût pas, à vrai dire, de poursuites contre lui. Au moment où il allait comparaître devant le tribunal spécial, sur une intervention du général Rostoland, le ministre de la justice donna l'ordre de surseoir (Arch. dép., trib. spéc., proc. 48-68). Il fut encore détenu en prison pendant environ vingt mois sans que personne s'occupât de lui. Enfin au mois de mai 1803, il fut, sur sa demande, dirigé sur le dépôt colonial de Nantes (Arch. départ., M, 12).

(1) Arch. mun. de Vannes. Etat civil « Au sept (c'est *six* qu'il faut dire) fructidor, l'an IX de la République française.

« Acte de décès de Julien-Marie-Cyrille Videlo, décédé ce jour vers midy, rue Boismouraux, en cette commune, originaire de Pontivy, âgé d'environ 30 ans, sans profession, fils de feu Julien Videlo et d'Anne Blouet.

« Suivant certificat authentique déposé aux archives du secrétariat de cette Mairie.

« Constaté par moi soussigné, Ambroise Laumailler, maire de Vannes, faisant fonction d'officier public de l'état civil.

LAMUAILLER.

XVII

Les demoiselles du Pérenno devant le jury

Le tribunal criminel était à son tour saisi de l'affaire des sœurs du Pérenno (1). Celles-ci durent attendre trois longs mois encore l'issue des poursuites intentées contre elles ; et pour la troisième fois, ce fut une question de compétence qui retarda le dénouement.

Les membres du tribunal criminel faisaient de droit partie du tribunal spécial ; en cette qualité, les citoyens Perret, président, et Serres, juge suppléant, avaient pris part au jugement par lequel le tribunal spécial s'était déclaré incompétent et avait renvoyé les accusés devant la commission militaire. Pouvaient-ils après cela connaître de la même affaire au tribunal criminel ? Ils ne le croyaient pas. Juger les demoiselles du Pérenno comme juges au tribunal criminel, après les avoir renvoyées devant la commission militaire comme juges au tribunal spécial c'était, selon eux, « émettre deux opinions contraires sur le même point de droit ».

Ils avaient d'autres raisons pour mettre en doute la compétence du tribunal criminel. D'abord le tribunal spécial, aux termes même de la loi, était juge de sa compétence sans appel. De plus le Ministre de la justice lui-même, dans une lettre écrite avant et arrivée après la sentence du 31 juillet, avait émis l'avis que les deux sœurs étaient, tout comme Videlo, justiciables de la commission militaire. Enfin la commission militaire avait pu d'autant moins attribuer au tribunal criminel la compétence qui lui manquait, qu'elle avait motivé son renvoi par l'article VII de la loi du 18 juin 1795, et que cette loi était considérée comme abrogée dans tous les départements où il y avait un tribunal spécial.

D'autre part, si le tribunal criminel était incompétent, la commission militaire et le tribunal spécial ne l'étaient pas moins depuis que, par la force des choses, la cause des demoiselles du Pérenno se trouvait séparée de celle de Videlo. Celle-là avait uniquement pour mission de juger les rebelles pris les armes à la main ; celui-ci, les prévenus de participation active aux rassem-

(1) La procédure du tribunal criminel se trouve aux arch. départ., 34 U 14, procéd. 633 *bis*.

blements séditieux saisis en flagrant délit dans ces rassemblements mêmes.

En face de ces incertitudes, le président du tribunal criminel et les juges suppléants, Serres et Glais, appelés à siéger à cause de la mort de Nayl-Villeaubry et la maladie de Le Menez-Kerdelleau, prirent le parti de recourir au tribunal de cassation et de provoquer un règlement de juges (5 septembre).

La section des requêtes de la cour suprême, réunie au Palais de justice, rendit son arrêt le 4 octobre, elle renvoyait les deux sœurs « devant le directeur du jury de l'arrondissement de Vannes et, en ce cas d'accusation admise, devant le tribunal criminel du département du Morbihan. » Signalons seulement une phrase du réquisitoire du commissaire du gouvernement, Bigot de Préameneu. « Depuis que la loi du 18 pluviôse an IX sur l'établissement des tribunaux spéciaux est en activité, celle du 30 prairial an III est considérée comme spécialement abrogée, ainsi que l'a déjà plusieurs fois prononcé le tribunal de cassation. » Cette citation permet d'apprécier à sa valeur le jugement de la commission militaire qui motiva par cette même loi du 18 juin 1795 (30 prairial an III) la condamnation à mort de Julien Videlo et le renvoi des demoiselles du Pérenno devant le tribunal criminel.

Le 29 et le 31 octobre seulement, Lucas-Bourgerel, commissaire du gouvernement près le tribunal criminel, mettait les pièces à conviction, le jugement du tribunal de cassation et le dossier lui-même, retenu jusque-là par la commission militaire et le général Rostoland, à la disposition du citoyen Chaignard, son substitut, et de Jean-Marie Le Blanc, directeur du jury.

Celui-ci interrogea les deux sœurs au tribunal, le 6 novembre. A ses questions elles firent les réponses qu'elles avaient déjà faites au directeur du jury de Pontivy, au juge instructeur du tribunal spécial et au capitaine rapporteur de la commission militaire.

Toutefois Rose fit remarquer pour sa défense qu'elle demeurait chez sa sœur et y prenait pension, mais ne se mêlait en rien de ce qui se passait dans la maison.

Bonne déclara cette fois, — il n'y avait plus aucun inconvénient à le faire, — que les armes trouvées à Penvern, derrière l'armoire à double fond, appartenaient, non à *Achille*, comme elle l'avait soutenu jusque-là, mais à Julien Videlo. Elle ne connaissait pas

Achille, elle en avait seulement entendu parler ; et elle se servit de son nom pour ne pas compromettre Videlo.

Sur les entrefaites, le citoyen Bosquet, précédemment juge au tribunal civil, fut nommé directeur du jury en remplacement de Le Blanc en même temps que Jean François Jamet succédait à Taslé dans la charge de greffier : d'où nouveau retard dans la procédure.

Enfin le 20 novembre, conformément au réquisitoire du substitut, Bosquet prenait une ordonnance qui faisait entrer l'affaire dans une phase définitive. Considérant que le délit dont étaient prévenues les deux sœurs, était de nature à mériter peine afflictive et infamante, il ordonnait qu'elles fussent traduites devant le jury ordinaire d'accusation, et lançait contre elles un mandat d'arrêt qui leur fut notifié, par ministère d'huissier, le jour même avant midi, « entre les deux guichets de la maison d'arrêt ».

Le lendemain Bosquet procédait, en présence du substitut, au tirage au sort des jurés (1) et ceux-ci, dans les jours qui suivirent, reçurent assignation à comparaître le 1er décembre, à dix heures du matin.

Le jour dit, ils se trouvaient réunis dans la salle qui leur était réservée, avec le directeur du jury et le substitut.

Le directeur leur fit prêter le serment de fidélité à la Constitution de l'an VIII, et promettre de suivre exactement les prescriptions de la loi et les instructions destinées à diriger leurs travaux ; puis il leur donna connaissance de l'affaire sur laquelle ils étaient appelés à se prononcer et lut devant eux l'acte d'accusation, très modéré, dressé trois jours auparavant par le substitut Chaignart.

Le substitut concluait ainsi : « Il résulte de tous les détails attestés par la procédure, que des pratiques et intelligences avec les révoltés, le recelé de leurs personnes et de leurs armes et effets dans des caches de la maison de Penvern ont été commis, tendant à exécuter quelques complots et machinations contre l'exercice de l'autorité légitime et à ménager des moyens de susciter de nouvelles guerres civiles en armant les citoyens les uns contre les autres, sur quoi les jurés auront à prononcer s'il

(1) Jean Le Bourdat, cultivateur au bourg d'Elven ; Jean Le Gallic, de Cléguer, en Noyalo ; Janin, rentier, rue d'Auray, à Vannes ; Jean Le Bloch, patron de chaloupe à Kerouët, en Sarzeau ; Pierre Guyhur, aubergiste à Collet, en Grand-Champ ; François Le Jallé, rentier au bourg de Berric ; Pierre Jamet, cultivateur au Guern, en Missiriac ; René Madec, aubergiste au bourg de Plescop.

y a lieu à accusation contre la ditte Bonne Françoise Marguerite du Pérenno et la ditte Thérèse Josèphe du Pérenno sa sœur, à raison du délit mentionné au présent. »

Cette lecture faite, Bosquet remet le dossier aux mains du citoyen Janin, président en qualité de doyen d'âge, et il se retire avec le substitut pour laisser les jurés délibérer entre eux.

Avertis que la délibération est terminée, Bosquet et Chaignart rentrent dans la salle. Le doyen d'âge leur communique la réponse du jury duement souscrite de lui à la suite de l'acte d'accusation : « *La déclaration du jury est non, il n'y a pas lieu* » [*à accusation*].

Le soir même Bonne et Rose du Pérenno était libres. En rentrant dans leur hôtel, non loin de la place du Marché au Seigle, elles eurent sans doute un souvenir attristé pour ce pauvre Julien qu'elles avaient généreusement abrité sous leur toit, et courageusement défendu pendant cinq mois. Elles avaient beaucoup souffert pour lui. Elles ne regrettaient rien. Elles avaient confiance que les glorieux ancêtres qui avaient jadis combattu, sur d'autres champs de bataille, pour les grandes causes auxquelles elles venaient sacrifier elles-mêmes, ne désavouaient pas les deux femmes de cœur en qui devaient s'éteindre leur noble race (1).

(1) Les deux sœurs survécurent de longues années aux événements douloureux que nous venons de raconter : elles continuèrent à édifier la ville de Vannes et les campagnes de Guémené par leurs œuvres de piété et de charité. Elles moururent l'une et l'autre dans leur hôtel de la rue des Douves du Port (aujourd'hui 29, rue Thiers), Rose le 13 mai 1821 à cinquante-trois ans, Bonne le 20 août 1828, à soixante-cinq ans (Arch. mun. de Vannes, état-civil).

TABLE DES MATIÈRES

Vannes. — Imprimerie LAFOLYE Frères.

Documents manquants (pages, cahiers...)

NF Z 43-120-13

www.ingramcontent.com/pod-product-compliance
Lightning Source LLC
LaVergne TN
LVHW020343230826
846091LV00003B/967